PARA ISSO FUI CHAMADO: POEMAS

CZESŁAW MIŁOSZ

Para isso fui chamado: poemas

Seleção, tradução e introdução
Marcelo Paiva de Souza

Copyright © 2011 by espólio de Czesław Miłosz

Grafia atualizada segundo o Acordo Ortográfico da Língua Portuguesa de 1990, que entrou em vigor no Brasil em 2009.

Título original
Wiersze wszystkie

Capa
Victor Burton

Foto de capa
Dennis Wile

Preparação
Leny Cordeiro

Revisão
Valquíria Della Pozza
Camila Saraiva

Dados Internacionais de Catalogação na Publicação (CIP)
(Câmara Brasileira do Livro, SP, Brasil)

Miłosz, Czesław, 1911-2004.
    Para isso fui chamado : Poemas / Czesław Miłosz ; seleção,
tradução e introdução Marcelo Paiva de Souza. — 1ª ed. — São
Paulo : Companhia das Letras, 2023.

    Título original: Wiersze wszystkie.
    ISBN 978-65-5921-530-0

    1. Poesia polonesa I. Título.

23-145750   CDD-891.851

    Índice para catálogo sistemático:
    1. Poesia : Literatura polonesa 891.851

    Aline Graziele Benitez – Bibliotecária – CRB-1/3129

Todos os direitos desta edição reservados à
EDITORA SCHWARCZ S.A.
Rua Bandeira Paulista, 702, cj. 32
04532-002 — São Paulo — SP
Telefone: (11) 3707-3500
www.companhiadasletras.com.br
www.blogdacompanhia.com.br
facebook.com/companhiadasletras
instagram.com/companhiadasletras
twitter.com/cialetras

Sumário

"Então disso é capaz a linguagem da poesia!":
Uma introdução à obra de Czesław Miłosz —
Marcelo Paiva de Souza 11
Sobre a antologia 29

POEMA SOBRE O TEMPO CONGELADO
POEMAT O CZASIE ZASTYGŁYM, 1933

Manhã
   Rano 32
Pátria
   Ojczyzna 34

POEMAS DISPERSOS
WIERSZE ROZPROSZONE, 1930-6

O que eu escrevia
   To co pisałem 38

TRÊS INVERNOS
TRZY ZIMY, 1936

Hino
   Hymn 42
Julgamentos
   Roki 48

SALVAÇÃO
OCALENIE, 1945

Fuga
Ucieczka 54
A canção de Levallois
Pieśń Levallois 56
Um pobre poeta
Biedny poeta 60
Um pobre cristão olha para o gueto
Biedny chrześcijanin patrzy na getto 64
Despedida
Pożegnanie 68
Em Varsóvia
W Warszawie 72

LUZ DO DIA
ŚWIATŁO DZIENNE, 1953

Siegfried e Erika
Siegfried i Erika 78
O Fausto de Varsóvia
Faust warszawski 82
Mittelbergheim
Mittelbergheim 86

POEMAS DISPERSOS
WIERSZE ROZPROSZONE, 1948-54

Despedida
Pożegnanie 92
Caderno de notas: margens do Leman
Notatnik: brzegi Lemanu 96
Esse
Esse 100

O REI POPIEL E OUTROS POEMAS
KRÓL POPIEL I INNE WIERSZE, 1962

O rei Popiel
Król Popiel 106
Ode ao pássaro
Oda do ptaka 108

GUCIO ENFEITIÇADO
GUCIO ZACZAROWANY, 1965

Era inverno
Była zima 114
Telas vão ser colocadas lá
Ustawią tam ekrany 120
Ditirambo
Dytyramb 122

POEMAS DISPERSOS
WIERSZE ROZPROSZONE, 1967-8

Para Robinson Jeffers
Do Robinsona Jeffersa 128

CIDADE SEM NOME
MIASTO BEZ IMIENIA, 1969

Minha fiel língua
Moja wierna mowo 134
Tua voz
Twój głos 138

ONDE O SOL NASCE E AONDE SE VAI
GDZIE WSCHODZI SŁOŃCE I KĘDY ZAPADA, 1974

Elegia para N. N.
Elegia dla N. N. 142

Sobre os anjos
O aniołach 146

HINO SOBRE A PÉROLA
HYMN O PERLE, 1982

A montanha mágica
Czarodziejska góra 152
Rue Descartes
Rue Descartes 158

TERRA INABARCADA
NIEOBJĘTA ZIEMIA, 1984

Do autor
Od autora 164
Epígrafes
Epigrafy 166
Annalena
Annalena 170
Epígrafes
Epigrafy 174
A ciência do bem e do mal
Poznanie dobra i zła 176
Inverno
Zima 180
Preparação
Przygotowanie 184
"Si Dieu aura..."
"Si Dieu aura..." 186
De Walt Whitman: *Ó viver sempre e sempre morrer*
Z Walta Whitmana: O, żyć zawsze i zawsze umierać ... 188

CRÔNICAS
KRONIKI, 1987

Só isso
To jedno 192
Confissão
Wyznanie 194
Mas os livros
Ale książki 196

CERCANIAS AO LONGE
DALSZE OKOLICE, 1991

Forja
Kuźnia 200
Cardo, urtiga
Oset, pokrzywa 202
Juventude
Młodość 204
Permanência
Trwałość 208
Uma aranha
Pająk 210
Sentido
Sens 214

À BEIRA DO RIO
NA BRZEGU RZEKI, 1994

Realismo
Realizm 218
Para Allen Ginsberg
Do Allena Ginsberga 220
Pierson College
Pierson College 226

Diálogos platônicos
Platońskie dialogi 228
Por quê?
Dlaczego? 232

ISTO
TO, 2000

Na cidade
W mieście 238
Os pastéis de Degas
Pastele Degasa 240
Um alcoólatra chega aos portões do céu
Alkoholik wstępuje w bramę niebios 242
Prece
Modlitwa 246
Depois
Po 250

ORFEU E EURÍDICE
ORFEUSZ I EURYDYKA, 2002

ÚLTIMOS POEMAS
WIERSZE OSTATNIE, 2006

Um poeta de noventa anos autografa seus livros
Dziewięćdziesięcioletni poeta podpisuje swoje książki 266
Uma frase
Jedno zdanie 270
A tartaruga
Żółw 274

Nota anos depois 277

"Então disso é capaz a linguagem da poesia!": Uma introdução à obra de Czesław Miłosz[1]

Marcelo Paiva de Souza

"Como abarcar Miłosz?..." — questionava-se, em 1998, o grande crítico literário polonês Jan Błoński, no início do importante volume de estudos que dedicou ao autor dos poemas desta antologia. E prosseguia, deixando claro que não faltavam motivos para o questionamento: "setenta anos de criação, livros, pouco menos, [...] uma energia e uma fecundidade verbal talvez sem paralelo na poesia polonesa".[2] E até a morte de Miłosz, em 2004, ainda viriam mais alguns anos de ininterrupta atividade criativa e novos livros, sem mencionar os numerosos títulos desde então publicados postumamente.

Antes e acima de tudo poeta, Czesław Miłosz se notabilizou também em outras frentes de trabalho no campo das letras. Foi crítico, tradutor, ensaísta, editor e romancista, além de ter deixado uma valiosa escrita memorialística e uma ampla e interessantíssima correspondência. Para a pesquisa especializada, tamanha versatilidade da pena resulta em um enorme e labiríntico desafio. Para os leitores que se aproximam de Miłosz pela primeira vez, trata-se de ótima notícia: em um todo tão diverso, cada gosto depara com seu bocado, cada interesse, com matéria que o desperta e atrai.

---

1 Para ajudar um pouco com a grafia do polonês, vale improvisar um guia de pronúncia: Czesław ("tchésuaf") Miłosz ("míuoch").

2 Jan Błoński, "Wstęp". In: _____. *Miłosz jak świat*; wydanie II poszerzone. Cracóvia: Znak, 2011, p. 5.

Perante a "imensa riqueza" da obra de seu conterrâneo, Jan Błoński aprende e ensina uma lição luminosa. O crítico enxerga em Miłosz um mundo que não se deixa "encerrar nem mesmo nas fórmulas mais certeiras". Em vez da inóspita ambição de exauri-lo, trata-se de conviver com esse mundo, em "sua exuberância e variedade", em sua "surpreendente abundância de sentidos", mas também em seus enigmas, suas contradições e seus não ditos.[3] Na leitura dos textos poéticos aqui selecionados e traduzidos, cada leitor terá oportunidade de pôr à prova essas considerações. Antes disso, porém, é preciso um rápido sobrevoo sobre o percurso da vida e da obra de Czesław Miłosz.

Descortinando em poucas palavras as coordenadas históricas e geográficas da longeva existência de Miłosz, o crítico e biógrafo Andrzej Franaszek observa:

A vida de Czesław Miłosz é a crônica do século passado, que ele experimentou dolorosamente na própria pele. Dos campos de batalha da Primeira Guerra Mundial, vistos com os olhos de um menino de poucos anos de idade, passando pela Revolução Russa, a reconquista da independência da Polônia, os problemas sociais e políticos da Segunda República Polonesa, os tempos de consumação do apocalipse e do inferno em que se transformaram as ruas de Varsóvia sob a ocupação, o Holocausto e o combate entre dois totalitarismos, as vivências do emigrante no mundo dividido pela "cortina de ferro", os Estados Unidos

---

3 Jan Błoński, op. cit. As expressões transcritas provêm da p. 8, mas refiro-me também a considerações do crítico na p. 13.

dos anos de 1960 e 1970, até a queda do império soviético e o começo do século xxi.[4]

As linhas e entrelinhas desse impressionante quadro tornam imprescindível uma lente de aumento.

Czesław Miłosz nasceu no dia 30 de junho de 1911 em Szetejnie,[5] pequeno vilarejo do distrito de Kiejdany,[6] localizado à margem do rio Niewiaża,[7] cerca de 150 quilômetros a noroeste de Vilnius (capital da atual Lituânia). Na época, aqueles eram territórios pertencentes ao Império Russo, que os tomou para si ao fim do século XVIII, na partilha da assim chamada República das Duas Nações, Estado resultante da união do reino da Polônia com o grão-ducado da Lituânia em meados do século XVI.[8] No calendário, já tivera início o século xx, mas como nota o biógrafo do escritor:

> no vale do Niewiaża, ainda perdurava o século xix, o tempo era medido pelo ritmo das colheitas, camponeses lituanos, poloneses da pequena nobreza, negociantes judeus e funcionários russos conviviam em relativa harmonia, o mundo parecia imóvel, embora fosse permanecer assim só mais um instante...[9]

Com efeito, nesse cenário de uma placidez algo idílica, não tardaria a irromper o tropel feroz da história. Eclode, então,

4 Andrzej Franaszek, *Miłosz: biografia*. Cracóvia: Znak, 2012, p. 9.
5 Hoje Šeteniai, na Lituânia.
6 Em lituano, Kėdainiai.
7 Em lituano, Nevėžis.
8 Além da Rússia, a Áustria e a Prússia dividiram entre si, em três partilhas realizadas entre 1772 e 1795, as terras da República das Duas Nações.
9 Andrzej Franaszek, op. cit., p. 14.

a Primeira Guerra Mundial, e o pai de Miłosz (que era engenheiro) é convocado a se juntar a um dos regimentos do exército do tsar. Em 1915, as consecutivas vitórias alemãs no front oriental vão impelindo as forças russas ao recuo — e mais e mais civis à fuga: entre eles, o pequeno Miłosz e sua mãe, que deixam Szetejnie rumo a Vilnius. No outono daquele ano, após a invasão alemã a Vilnius, Weronika Miłoszowa parte da cidade com o filho, decidida a alcançar o destacamento do qual fazia parte o marido, Aleksander. De novo reunida, a família passa a viver uma vida nômade, que a conduzirá, durante os anos seguintes, entre incertezas e perigos, Império Russo adentro.

Em setembro de 1917, nas cercanias de Rjev (a pouco mais de duzentos quilômetros de Moscou), Weronika dá à luz seu segundo filho, mas a alegria proporcionada pelo recém-nascido divide lugar com o medo. Na esteira dos tumultuosos acontecimentos da Revolução de Outubro, uma comitiva de soldados de braçadeiras vermelhas garante a Aleksander, seu "querido engenheiro", que ele e sua família estariam a salvo de qualquer mal. Contudo, é numa atmosfera de constante insegurança e sobressalto — quando não de pânico — que os Miłosz passam os sombrios meses de inverno de 1917 a 1918 em Dorpat.[10] Ali, no começo de março, comemoram o acordo de paz firmado entre o governo bolchevique e as Potências Centrais,[11] que encerrou a participação da Rússia na

---

10 Hoje, Tartu, na Estônia.

11 O Tratado de Brest-Litóvski, celebrado em 3 de março de 1918 pelo Império Alemão, o Império Austro-Húngaro, o Reino da Bulgária e o Império Otomano, de um lado, e pela Rússia, de outro.

Primeira Guerra, para pouco depois embarcarem na ansiada viagem de regresso a Szetejnie.

De volta ao lar com seus sete anos ainda incompletos, o menino Czesław fala um russo fluente e carrega as marcas de uma guerra e de uma revolução. Seria difícil superestimar o peso de tal bagagem de vida, acumulada logo na primeira infância, e não admira que, décadas mais tarde, tais experiências surjam repetidas vezes, de modo explícito ou velado, em diversas obras do escritor. O russo aprendido tão cedo, por exemplo, somado à mescla linguística que caracterizava a região natal de Miłosz,[12] fornece assunto à elegia bem-humorada e autoirônica que o futuro poeta dedicará a seus "problemas com a língua polonesa".[13] Como evitar a risada dos professores na escola e, pior, o castigo da nota baixa, se a todo momento vinha se intrometer nas tarefas de redação uma "palavrinha [...] amável" que se revelava, inexplicavelmente, um estrangeirismo ou um regionalismo? Para uma criança imersa desde sempre em uma profusa ambiência multilíngue, "alcançar os louros" nas rígidas lições de polonês deve ter parecido uma empreitada frustrante e muito antipática!

As vivências infantis da Primeira Guerra e da Revolução Russa são revisitadas com vagar por Miłosz na prosa de *Rodzinna Europa* [Europa familiar], livro em que o autor destila, a partir de suas fascinantes memórias, uma instrutiva reflexão sobre a identidade de um europeu do Leste. Imagens e

---

12 Em Szetejnie e arredores, na época, coexistiam estreitamente o polonês, o lituano, o russo e o bielorrusso, sem esquecer o ídiche da numerosa população judaica de então na Lituânia.

13 Czesław Miłosz, "Elegia na kłopoty z polszczyzną". In: _____. *Wiersze wszystkie*. Cracóvia: Znak, 2011, pp. 456-8.

impressões entre as lembranças mais remotas evocadas no texto flagram um precoce despertar para os horrores da guerra: no colo da avó, o pequeno Cześ;[14] no caminho, a poeira erguida pelas massas de fugitivos e "um horizonte escuro, que refulgia e retumbava".[15] E não muito depois sucedem os eventos no nascedouro da Rússia bolchevique, também recordados em vislumbres: as patrulhas revolucionárias, a aura de "terror latente"[16] nos diálogos sussurrados ou reduzidos a meras piscadelas, o céu pesado, as águas negras no largo leito do Volga.

Estar de novo à beira do amigável Niewiaża, sob os ares domésticos e acolhedores da província lituana, é como o paraíso reconquistado. A despeito dos anos de conflito, tudo ali se resguardara ileso, e Miłosz desfrutou então de uma vida tipicamente rural, experimentando uma existência de íntima proximidade com a natureza. "Gostos, cheiros, cores, sons e texturas",[17] tão intensos quanto variados, instigam e moldam sua sensibilidade e sua imaginação. E o interior da casa também era lugar de aventuras e descobertas. Weronika penava com as fugas e o berreiro do filho na hora dos exercícios de ortografia (os problemas com o polonês)... A biblioteca, porém, tinha seus atrativos para ele. As ilustrações nas obras de Shakespeare, os atlas e, sobretudo, os confins e os povos desconhecidos nos livros de viagens e as peripécias fantásticas contadas em dois clássicos da literatura infantojuvenil: *Gucio zaczarowany* [Gucio enfeitiçado; 1884], da escritora polonesa

---

14 Cześ ("tchesh") é um diminutivo afetuoso de Czesław.
15 Czesław Miłosz, *Rodzinna Europa*. Varsóvia: Czytelnik, 1990, p. 49. A primeira edição da obra data de 1959.
16 Idem, p. 55.
17 Andrzej Franaszek, op. cit., p. 27.

Zofia Urbanowska, e *A maravilhosa viagem de Nils Holgersson* (1906-7), da sueca Selma Lagerlöf.[18]

Em *Rodzinna Europa*, Miłosz escreverá sobre o tempo peculiar da infância: aos olhos da criança, as datas dizem pouco, e um dia proporciona tantas impressões e experiências quanto um mês inteiro a um adulto. Mas o breve Éden na terra que coube a Cześ em Szetejnie não restaria intocado diante das atribulações do tempo dos adultos. Lituânia e Polônia — ambas independentes com o fim da Primeira Guerra Mundial — disputam Vilnius. A gradativa reconfiguração das fronteiras no Leste leva a Rússia e a Polônia a uma guerra que se estende de fevereiro de 1919 a março de 1921. À medida que o confronto se desenrola, Vilnius vai trocando de mãos, até acabar submetida ao poder militar polonês e transformada na capital de um Estado fantoche, a Lituânia Central, que pouco tempo depois seria anexada à Polônia. Esses movimentos no tabuleiro geopolítico da região acarretam consequências importantes para os Miłosz, que, habitando terras lituanas, possuíam vínculos profundos com a cultura polonesa. Um dia, um incidente funesto decide bruscamente o destino da família. Cześ acorda com a janela do quarto quebrada. Procura a pedra que alguém teria atirado. Debaixo da cama, encontra uma granada, que, mesmo sem explodir, traz um sonoro

---

18 Miłosz lê a primeira edição polonesa do livro de Lagerlöf, publicada em 1910. No futuro, a leitura infantil virá à tona no discurso proferido durante a cerimônia de entrega do Nobel: nas aventuras de Nils voando pela terra, Miłosz apontará sugestivas analogias com sua prática poética. O discurso está disponível (em inglês e polonês) em: <www.nobelprize.org/prizes/literature/1980/milosz/lecture/>. Acesso em: 8 jan. 2023. Do livro de Zofia Urbanowska o poeta tomará emprestado, nos anos 1960, o título de um poema e de um volume de versos.

recado. Para um lituano — um vizinho próximo, talvez —, os moradores daquela casa não são mais gente dali.

Na primavera de 1921, os Miłosz fixam residência em Vilnius. Czesław tem pela frente oito anos de uma robusta educação católica, na qual virão a se destacar, como polos fundamentais em constante tensão, a toga romana de um impecável humanista e a batina lúgubre de um irascível catequista.[19] Dos ensinamentos do professor de latim, guardará profundamente, com especial gratidão, o apreço pela artesania da palavra, transmitido aos alunos nas muitas horas de aula dedicadas à leitura, à escansão e à tradução dos versos de Horácio e Ovídio. E mesmo que as inclinações inquisitoriais do padre responsável pelas aulas de religião não tenham passado incólumes ao troco da revolta, a despeito de todos os atritos, Miłosz reconhecerá mais tarde, em sua obsessiva preocupação com o problema do mal, a poderosa e duradoura influência de seu catequista dos tempos de ginásio.

Fora dos muros escolares, a própria Vilnius — com suas singulares feições urbanísticas e arquitetônicas, e seus numerosos cinemas — desempenha um papel crucial na formação do futuro escritor. Na Jerusalém do Norte, que abrigava uma população judaica expressiva, Miłosz tomará cada vez mais consciência da falta de pontes entre o mundo judeu e o mundo católico e do acirramento do antissemitismo em aliança com os bordões ultranacionalistas de direita. Diante da "boa sociedade" de Vilnius, enfim, o fervor inconformista do jo-

---

19 Em *Rodzinna Europa*, salientando o significado que tiveram em sua formação o latinista Adolf Rożek e o padre Leopold Chomski, Miłosz compara-se ao Hans Cartop de Thomas Mann, em *A montanha mágica*, dividido entre os perfis contrapostos de Settembrini e Naphta.

vem recrudesce, assim como sua raivosa aversão à estreiteza e à hipocrisia da mentalidade conservadora. A rebeldia também se manifestará em outros âmbitos: no abandono do grupo de escoteiros e no implacável senso crítico diante das banalidades acerca do acervo literário polonês repetidas em sala de aula.

Isso se deu graças à rápida expansão de um heterogêneo repertório de leitura, em que se somavam aos tratados de botânica e ornitologia os manuais de doutrina e história da Igreja católica e os livros de filosofia e literatura polonesa e estrangeira, dos clássicos aos contemporâneos, que foram desenvolvendo o discernimento intelectual e a independência dos juízos e predileções do estudante. Frequentador das páginas de Joseph Conrad e de Thomas Mann, atento às revistas e ao panorama literário polonês da época, Czesław Miłosz já tinha atrás de si em 1929, ao concluir o ginásio, suas primícias como homem de letras. Embora a opção pelo curso de Direito na universidade pareça talvez sugerir um rumo distinto, seus passos seguintes vão conduzi-lo, decisivamente, ao ingresso na vida literária.

Decerto foi uma grata surpresa o currículo arejadamente interdisciplinar dos estudos. As disciplinas jurídicas abriam-se para outros campos do saber — sociologia, antropologia, filosofia, sobretudo — e, ademais, multiplicam-se e estreitam-se os contatos com círculos acadêmicos compostos por polonistas e literatos. Da intensa atividade desses círculos surge um grupo literário de vanguarda do qual Miłosz é um dos fundadores e integrante de crescente destaque. O jovem escritor imposta a voz, como crítico e como poeta. E em 1933 vem a lume seu primeiro livro de versos, *Poemat o czasie zastygłym* (Poema sobre o tempo congelado). O curso de direito será concluído em 1934, mas, naquela altura, ainda esperava pelo escritor iniciante uma etapa essencial em sua formação. Beneficiado por uma bolsa, Miłosz parte para Paris, onde permanecerá até meados de 1935.

Além dos estudos para aprimorar o francês, a rica atmosfera cultural parisiense oferece incontáveis oportunidades; até onde o modesto orçamento permite, o recém-diplomado bolsista tira proveito delas. Assiste a uma conferência de Paul Valéry (cujas ideias sobre a poesia Miłosz desaprova); comove-se no teatro com *Esta noite se improvisa*, de Pirandello, na primorosa encenação de Georges Pitoëff; percorre demoradamente os corredores do Louvre, admirando a exposição "Les Peintres de la Réalité", que atestava o impacto de Caravaggio e dos mestres holandeses na pintura da França no século XVII. Acima de tudo, porém, a estada em Paris presenteia Czesław com a figura de um mestre, o escritor lituano de expressão francesa Oscar Vladislas de Lubicz-Milosz (1877-1939). A aproximação com o primo mais velho deixaria marcas profundas. As obras de O. V. de L.-Milosz encontrariam em seu pupilo um leitor fiel e um conscencioso tradutor; e sua altivez e distância em relação às tendências literárias e artísticas da época serviriam de alerta ao jovem Miłosz, coibindo nele qualquer deslumbre novidadeiro.

Paris também dá ensejo a outros tipos de lição: o duro contraste entre a miséria de um alojamento para desempregados em Levallois-Perret e o esplendor da Champs-Élysées, separados por apenas algumas estações de metrô; ou o agourento frenesi dos gritos e das bandeirinhas com suásticas nas arquibancadas do estádio no jogo amistoso entre as seleções de futebol da França e da Alemanha em março de 1935. A Cidade Luz não esconde dos olhos de Miłosz a penumbra do presente, nem dissipa o sentimento iminente da catástrofe. O segundo livro de poemas do autor, *Trzy zimy* [Três invernos], é publicado em 1936, e "a chama e o mármore" de seus versos — na formulação certeira do crítico Kazimierz Wyka — causam viva repercussão. No pulso enérgico e medido, no torvelinho de imagens, entre o pesadelo expressionista e o transe profético, a obra consolida o prestígio de Czesław Miłosz nas letras da Polônia do entreguerras.

De volta da capital francesa, o escritor é contratado pela Rádio Polonesa em Vilnius. Não muito depois, no entanto, é demitido, junto com outros colegas, após denúncias na imprensa que acusam a rádio de propaganda comunista. Muda-se então para Varsóvia, diante de uma bem-vinda oferta de trabalho na Central da Rádio Polonesa. Faz novos contatos, novas parcerias nos meios literários. Inicia um relacionamento com Janina Dłuska, que virá a ser sua primeira esposa e mãe de seus dois filhos. Nas férias de verão de 1939, os planos são promissores: publicar traduções, um novo livro de poemas e uma coletânea de ensaios.

No dia 1º de setembro, porém, Varsóvia é alvo dos primeiros bombardeios nazistas. Ao cabo de um longo e perigoso roteiro de andanças — passando por Bucareste, na Romênia, depois por Kiev, na Ucrânia, e por fim Caunas e Vilnius, na Lituânia —, em meados de 1940, Miłosz consegue retornar à capital polonesa. O terror da vida sob a ocupação alemã não paralisa o escritor: as leituras são vorazes, a produção, intensa. Ainda em 1940, ficam prontos os 48 exemplares mimeografados de *Wiersze* [Poemas], pequenina coletânea sob o pseudônimo Jan Syruć. Entre o fim de 1941 e o começo de 1942, mais duas iniciativas editoriais clandestinas de muita importância: Miłosz traduz *À travers le désastre*, obra em que o pensador católico francês Jacques Maritain analisa as causas da derrota da França por Hitler e critica o regime colaboracionista de Vichy.[20] A edição polonesa tem uma tiragem formidável: mais de 1500 exemplares, rapidamente esgotados. E concomitantemente à empreitada tradutória, outra façanha: Miłosz organiza a antologia *Pieśń niepodległa. Poezja polska czasu wojny* [Canção insubmissa. Poesia polonesa do tempo da guerra], coligindo versos de vários autores, de consagrados a neófitos, às voltas com diferentes aspectos da calamidade em curso.

O trabalho de construção desse mosaico é inestimável para Miłosz, porque mostra com clareza a urgente necessidade de procurar ferramentas poéticas à altura da realidade da guerra. Os caminhos pelos quais sua poesia enverada estarão bem nítidos em seu próximo livro, *Ocalenie* [Salvação], lançado em fins de 1945. Diante de toda a gente que sofre, de todos aqueles que a poesia não pôde salvar, a "magia das palavras" é posta de lado em prol de uma "fala simples"; diante dos mortos, sepultos e insepultos, o poeta fala "calando, como nuvem ou árvore".[21] E também como ensaísta o autor tenta responder ao legado de morte e ruína dos anos de conflito: *Legendy nowoczesności* [Lendas da modernidade], cuja publicação só se dará em 1996, reúne estudos que rastreiam, no bojo da cultura europeia, elementos e processos que desembocariam na barbárie totalitária.

Sob todos os traumas da guerra e sem ilusões quanto ao

---

20 A tradução polonesa intitula-se *Drogami klęski*. No Brasil, o livro foi publicado sob o título *Noite de agonia em França* (Rio de Janeiro: José Olympio, 1941), em tradução de Tristão de Athayde (Alceu Amoroso Lima).
21 Czesław Miłosz, "Przedmowa". In: _____. *Wiersze wszystkie*, op. cit., p. 143.

destino da Polônia submetida ao poderio soviético, prevalece a vontade de partir. Miłosz obtém um posto na diplomacia do novo regime e, no início de 1946, assume suas funções no consulado polonês em Nova York, do qual, em pouco tempo, é transferido para a embaixada de seu país em Washington. Os prédios e as ruas de Manhattan, sem qualquer vestígio de bombas, o burburinho e o ir e vir distraído das pessoas, de todo indiferentes ao cataclismo que varrera o Velho Mundo, lhe causam enorme estranheza. E os Estados Unidos merecem observações mordazes por parte do escritor, indignado perante o culto febril ao dinheiro e ao consumo.[22]

Em solo polonês, entretanto, tampouco faltavam males a exigir atenção — e, fatalmente, posicionamento. A stalinização do país avançou aos poucos. Contudo, em visita de férias em 1949, Miłosz confronta-se de maneira direta com seus resultados na Polônia. Meses antes, o realismo socialista havia sido proclamado como diretriz oficial nas letras e nas artes do país, e o autor de *Ocalenie* comparece a eventos em que a doutrina é exposta — acompanhada, invariavelmente, de ameaças aos eventuais indisciplinados. Nas ruas, percebe ora raiva, ora receio nos olhos dos transeuntes, que o tomam — com sua aparência abastada e suas roupas "ocidentais" — por alguma autoridade do Serviço de Segurança. A decisão não vem de imediato, mas, no começo de 1951, o escritor pede asilo político na França. Ato contínuo, torna-se um desertor na Polônia, alvo não apenas de violentas campanhas difamatórias como

---

22 O que não impede o grande interesse de Miłosz por diversos nomes da literatura dos Estados Unidos, sem falar em seu fascínio pelas belezas naturais do país. Parte de sua produção nessa época (traduções de poesia e estudos sobre a literatura estadunidense) será incluída no livro *Kontynenty* [Continentes], publicado em 1958.

também de uma total interdição: seus livros desaparecem das bibliotecas; seu nome, quando não atacado, é rigorosamente silenciado.

Não bastasse isso, como ex-servidor do governo sob as rédeas de Moscou, Miłosz inspira desconfiança, e mesmo hostilidade, entre muitos poloneses no desterro desde os tempos da guerra. Além de todas essas dificuldades, a situação material do escritor é precária. É nessas circunstâncias tão adversas que publica *Zniewolony umysł* [A mente cativa], livro que trará ao autor a reputação de um dos mais finos analistas dos mecanismos totalitários.[23] Ao longo de 1952, Miłosz retoma essa problemática em um romance, cuja trama tem por cenário a Polônia no fim da Segunda Guerra Mundial. Antes mesmo de sair em polonês, a obra é de pronto traduzida para o francês, a fim de concorrer ao recém-criado Prix Littéraire Européen. Em março de 1953, *La prise du pouvoir* [A tomada do poder] obtém o primeiro lugar no concurso — o que assegura ao autor, além da publicação,[24] cinco mil francos suíços.

O período de exílio na França, apesar de todos os momentos conturbados, caracteriza-se por uma leva notável de escritos. A colaboração com a revista *Kultura*, órgão da dissidência intelectual polonesa sediado em Paris, impõe um ritmo feroz de

23 Concluída no fim de 1951, a obra só é publicada em 1953, ano em que também saem suas traduções para o alemão, o francês e o inglês. Há ainda a edição brasileira (a partir da versão em inglês): Czesław Miłosz, *Mente cativa*. Trad. de Dante Nery. São Paulo: Novo Século, 2010.

24 O romance é publicado naquele mesmo ano em francês, com tradução de Jeanne Hersch, e também em alemão. O original polonês, *Zdobycie władzy* [A conquista do poder], só vem a lume em 1955. Há também uma edição brasileira da obra (a partir da versão em inglês): Czesław Miłosz, *A tomada do poder*. Apresentação de Stanisław Barańczak. Trad. de Waltensir Dutra. Rio de Janeiro: Nova Fronteira, 1988.

trabalho. E sob o selo editorial da revista, o Instytut Literacki, vêm a lume entre 1953 e 1959 nada menos que sete livros de Miłosz, entre ensaios, romances[25] e volumes de poesia, sem mencionar as várias traduções (entre as quais vale destacar sua excelente seleta de textos da pensadora Simone Weil, publicada em 1958).

O convite para um cargo de *visiting lecturer* na Universidade da Califórnia, em Berkeley, abre outro capítulo na biografia de Czesław Miłosz. As primeiras "visões da baía de San Francisco",[26] no início de outubro de 1960, são algo atordoante para o recém-chegado. Mas sua atuação no meio acadêmico se mostrará bastante frutífera. Conquistando logo um vínculo permanente como professor de línguas e literaturas eslavas, o autor de *Rodzinna Europa* encontra em Berkeley condições invejáveis de trabalho: campus vibrante, bibliotecas opulentas, jovens e interessados interlocutores. Da faina docente resulta uma obra que ganha status de referência em sua área, *The history of Polish literature* [A história da literatura polonesa], lançada em 1969 e desde então sucessivamente reeditada. Miłosz traduz e divulga, com sucesso, poesia polonesa no universo anglófono (a valiosa coletânea *Postwar Polish poetry* [Poesia polonesa do pós-guerra], com organização e traduções suas, é publicada em 1965, e a ela se seguem

25 Em 1955, além do original de *Zdobycie władzy*, é publicado *Dolina Issy* [O vale do Issa], romance cuja bela prosa poética traz figuras e paisagens dos tempos de menino de Miłosz. Há uma edição brasileira da obra (a partir da versão em inglês): Czesław Miłosz, *O vale dos demônios*. Trad. de João Guilherme Linke. Rio de Janeiro: Francisco Alves, 1982.

26 Assim Miłosz intitula seu belo livro de ensaios, publicado em 1969, no qual medita sobre sua experiência estadunidense: *Widzenia nad Zatoką San Francisco* [Visões da Baía de San Francisco].

diversas contribuições relevantes para a recepção de poetas poloneses no mundo anglófono.

Naturalmente, sua produção em polonês não cessa. As primeiras realizações de Miłosz como tradutor de textos bíblicos, verdadeiras proezas de erudição e de invenção de linguagem, datam do fim dos anos 1970. Lançando-se com afinco ao aprendizado do grego e do hebraico, Miłosz verte para o polonês o *Evangelho segundo são Marcos*, o *Apocalipse* e os *Salmos*, aos quais se somaria em breve o *Livro de Jó*.[27] Sem contar os frutos admiráveis na seara tradutória, até encerrar sua sólida carreira universitária em Berkeley, o autor publicará mais nove livros, cinco deles de ensaios e quatro de poemas, sempre pelo Instytut Literacki, em Paris. O exílio — com o agravante da censura a suas obras em sua própria nação — foi por muito tempo para Miłosz a amarga experiência de estar inexoravelmente separado de seu público, de ter sua criação como que amputada de um membro vital: o leitor. Apesar disso, seu voto amoroso de fidelidade à língua polonesa jamais se deixou quebrar. Nem deixou jamais de ser correspondido.

A trajetória da consagração enfim tem início. Vem a lume em 1973 a primeira coletânea de seus poemas em inglês (em versões do próprio Miłosz, com diferentes parceiros). Em 1978, o poeta recebe o Prêmio Neustadt de Literatura;[28] em 1980, o Nobel. No ano acadêmico de 1981-2, Miłosz é o detentor da cátedra de poesia Charles Eliot Norton, em Har-

---

27 Depois virão outros títulos, entre eles o *Cântico dos cânticos* e o *Eclesiastes*.

28 Por coincidência, entre os finalistas naquele ano achavam-se, entre outros, mais um grande poeta polonês — Zbigniew Herbert — e também o grande poeta brasileiro Carlos Drummond de Andrade.

vard. As conferências que profere são publicadas em 1983 no indispensável *Świadectwo poezji. Sześć wykładów o dotkliwościach naszego wieku*[29] e apresentam uma densa reflexão em torno da poesia moderna, com marcada ênfase nas particularidades daquela produzida na Polônia, tão violentamente vitimada pelas catástrofes do século xx — e tão rica em suas estratégias de resistência.

O Nobel derruba o veto a Miłosz na Polônia. Suas obras emergem da clandestinidade e voltam à circulação oficial no país, que o autor visita em junho de 1981, em plena efervescência do Solidariedade, movimento sindical que pressionava pelo fim do comunismo e por uma abertura econômica e política no país. Dali a alguns meses, impõe-se a lei marcial que tentará asfixiar a oposição segundo a previsível cartilha dos generais, ou seja, sob o pretexto de salvação da pátria — e à força de tanques, cassetetes e prisões. Em mais alguns anos, porém, o quadro já será outro: ao longo de 1989, o regime comunista polonês agoniza. Com as mudanças políticas no Leste Europeu e os alvores de uma democratização, as visitas de Miłosz tornam-se mais frequentes. Em 1992, ele é honrado com a cidadania lituana e tem a chance de rever seu rincão natal. A partir de 1993, passa a residir com a segunda esposa, Carol Thigpen, em Cracóvia (retornando, durante o inverno, para o sol de Berkeley).

Desde o Nobel até os derradeiros anos de vida, o vigor criativo não arrefece. Nos versos de "Ars poetica?", em 1968, o autor revela sempre ter ansiado "por uma forma mais

---

29 Czesław Miłosz, *O testemunho da poesia: seis conferências sobre as aflições de nosso século*. Trad., introd. e notas de Marcelo Paiva de Souza. Curitiba: Ed. UFPR, 2012.

ampla,/ Que não fosse poesia demais, nem prosa demais".[30] A busca por uma forma que não se satisfaz com limites estanques e se reinventa sem descanso em seu diálogo atento e incessante com o mundo: à sua maneira, cada livro de poemas da maturidade de Miłosz retoma esse postulado. E o reafirma. Vai surgindo assim, graças a uma paleta vertiginosa de recursos — em que se amalgamam conquistas das vanguardas, mas também os veios de múltiplas tradições literárias —, uma obra que ganha lugar incontestável entre as maiores realizações da lírica polonesa e da lírica mundial do século xx.

Dois anos depois da inesperada morte de Carol, morre Czesław Miłosz, em 14 de agosto de 2004, em sua casa, em Cracóvia, cidade em que é sepultado. No dia 22 daquele mesmo mês, um suplemento especial no número 34 do semanário *Tygodnik Powszechny* se despede do escritor, com homenagens de diversas personalidades, amigas e amigos. Sob a comoção da hora, uma estudiosa se esforça para compreender quanto deve à obra de Miłosz: "É difícil imaginar como as futuras gerações vão ler seus versos. Para mim (e eu sei que não só para mim), nunca se tratava apenas de mera fruição poética", escreve Ewa Bieńkowska; tratava-se de uma experiência radical de alargamento de horizontes, "de convívio com algo que estimulava e ordenava meu próprio mundo. [...] Cada leitura renovava o espanto: então disso é capaz a linguagem da poesia, disso é capaz a língua polonesa, a minha própria língua!".[31] Disso é capaz a poesia de Czesław Miłosz.

---

30 Id., *Wiersze wszystkie*, p. 588.

31 Ewa Bieńkowska, "Stary poeta". Dodatek Czesław Miłosz (1911-2004), *Tygodnik Powszechny*, n. 34, 2004. Disponível em: <www.tygodnikpowszechny.pl/stary-poeta-123697>. Acesso em: 8 jan. 2023.

Sobre a antologia

Marcelo Paiva de Souza

Esta edição oferece uma extensa seleta de versos de Miłosz, recolhidos desde seu livro de estreia, em 1933, até seus derradeiros poemas, já nos anos 2000. Tem por base o volume único publicado em 2011, em Cracóvia, pela editora Znak, que reuniu em 1400 páginas toda a produção poética do autor.

O amplo escopo da presente coletânea quis fazer jus a esse extraordinário legado criativo, à sua multiplicidade de formas, estilos e registros, à sua variedade de temas, referências e perspectivas. Dispostos em ordem cronológica, os textos exibem seu envolvimento — ora sutil, ora direto — com os respectivos contextos históricos e biográficos. E, além disso, permitem perceber a escrita do poeta como que em processo, em sua dinâmica de continuidades e descontinuidades, de transformação e permanência.

A exemplo da mencionada publicação polonesa, o fecho desta antologia traz uma breve e sugestiva "Nota", na qual Miłosz se debruça, em retrospecto, sobre os caminhos que trilhou em sua prática poética. Suas ponderações lançam luz sobre questões cruciais e decerto serão proveitosas para o leitor brasileiro. Mas não só ali pareceu oportuno atribuir ao próprio poeta a tarefa de comentar sua obra. O prefácio do autor a *Nieobjęta ziemia* [Terra inabarcada], como se verá, também esclarece aspectos decisivos de sua criação.

Salvo erro, datam do começo dos anos 1980 as primeiras

traduções da poesia de Czesław Miłosz no Brasil. Essas incursões pioneiras serão sucedidas por outras, esparsamente, até os dias de hoje. A todas é importante que se renda homenagem. Vale destacar, porém, duas dessas empreitadas. *Quatro poetas poloneses* — com organização, prefácio e tradução de Henryk Siewierski e José Santiago Naud (Curitiba: Secretaria da Cultura, 1994) — foi a primeira seleta no país de versos de Miłosz, em companhia de mais três nomes fundamentais da poesia polonesa do século xx: Tadeusz Różewicz, Wisława Szymborska e Zbigniew Herbert. Quase dez anos depois, veio a lume a primeira antologia brasileira exclusivamente dedicada à produção poética de Miłosz: *Não mais*, com seleção, tradução e introdução minhas e de Henryk Siewierski (Brasília: Ed. UnB, 2003). Em ambas as publicações, a presente coletânea tomou impulso. E de ambas ela se propõe como continuidade.

Por fim, hora de agradecer. Minha esposa, Rosangela Meger, é hors-concours. Só menciono um item da interminável dívida de gratidão que tenho para com ela: a digitação dos originais dos poemas, com olhos milimétricos e mãos dançarinas. Também registro aqui meu muito obrigado a toda a equipe da Companhia das Letras, pelos cuidadosos trabalhos editoriais. Três caríssimos amigos foram os primeiros leitores das traduções aqui apresentadas: Eduardo Nadalin, Henryk Siewierski e Wilberth Salgueiro. A cada um, devo não apenas correções e sugestões pontuais preciosas, mas, sobretudo, a interlocução vivaz, generosa, permanente. Nos velhos tempos da minha graduação em letras, as aulas de Henryk me deram de presente a descoberta da literatura polonesa e me levaram ao encontro dos poemas de Miłosz. Ao sereno mestre de então — e de hoje —, dedico esta antologia.

POEMA SOBRE O TEMPO CONGELADO
POEMAT O CZASIE ZASTYGŁYM

Rano

Piękna jest ziemia
piękne są chmury
piękny jest dzień
a świt olbrzymi

tak śpiewał człowiek patrząc w dół na miasto
w którym bateria stu kominów dymi.

A chleb na stole stał się tajemnicą
od jego widoku pulsowało czoło
człowiek podniósłszy ramiona wysoko
śmiał się, w koszuli tańczył naokoło.

Smak chleba światła słońca przypomina
gdy jesz — chleb może wystrzelić promieniem
idąc do pracy człowiek poczuł miłość
i mówił o niej ulicznym kamieniom.

Kocham materię, która jest tylko lustrem wirującym.
Kocham ruch mojej krwi jedyną świata przyczynę.
Wierzę w zniszczalność wszystkiego co istnieje.
Aby nie zgubić drogi, mam na ręku siną mapę żył.

Manhã

Bela é a terra
belas, as nuvens
belo é o dia
e a alvorada, imensa

assim cantava um homem vendo a fumaça dispersa
da canhonada de cem chaminés da cidade.

E o pão na mesa tornou-se um mistério
a fronte pulsava ante o insólito sigilo
levantando bem alto os braços, o homem
de camisa se riu, se pôs a dançar em círculos.

O gosto do pão lembra a luz do sol
na boca — o pão pode lampejar seus raios
seguindo para o trabalho, o homem sentiu amor
e falou dele às pedras das ruas.

Amo a matéria, que é só um espelho a rodopiar.
Amo o fluxo do meu sangue, causa única do mundo.
Creio na destrutibilidade de tudo que há.
Nas mãos, para que não me perca, o mapa violáceo das veias.

Ojczyzna

Długie surmy poziomo ponad horyzontem
Ku wargom wznoszą się powoli.
Lasy wżarte w niebo uciszone.
Drogi zgięte jak ramiona mątew.

Kołysane, układane w rękach
Surmy do góry grają.
Nas spokojnych i męskich, i twardych
żałobnie i prosto witają.

Upadamy w piachy dróg. Trawy szarpiemy. Boli.
Melodia huczy w lasach. Parzy niby witriolej.

Pátria

Trombetas em fila acima do horizonte opaco
Erguem-se até os lábios, lentamente.
Florestas encravadas no céu silente.
Caminhos recurvos como tentáculos.

Premidas nas mãos, levantadas com aprumo,
As longas trombetas uivam.
A nós, serenos e viris, e duros,
com seu toque enlutado e simples, elas saúdam.

Tombamos na areia dos caminhos. Rasgamos a relva. Látego.
A melodia freme nas florestas. Queima como vitríolo.

POEMAS DISPERSOS
WIERSZE ROZPROSZONE

To co pisałem

To co pisałem, nagle się wydało
błazeństwem. Znaleźć nie mogłem wyrazów.
Patrzyłem na świat olbrzymi, tętniący,
z łokciami o kamienną poręcz opartymi.
Płynęły rzeki, pruły chmurę żagle,
mdlały zachody. Wszystkie piękne kraje,
wszystkie istoty, których pożądałem,
wzeszły na niebo jak wielkie księżyce.
W te lampy dziwne ruchome wpatrzony,
licząc ich łuki astrologiczne,
szeptałem: świecie, giń, litości, tonę.
Żadna na piękność nie wystarczy mowa.
Widziałem w sobie rozległe doliny
i mogłem stopą brązem uskrzydloną
iść ponad nimi na szczudłach z powietrza.
Ale to gasło, noc niespamiętana.

Paryż, 1934

O que eu escrevia

O que eu escrevia de súbito pareceu
ridículo. Eu não era capaz de exprimir.
Olhei para o mundo imenso, pulsante,
os cotovelos apoiados em um corrimão de pedra.
Rios corriam, velas rasgavam nuvens,
poentes desmaiavam. Todos os belos países,
todos os seres que desejei
se ergueram no céu como grandes luas.
Olhar fixo nesses estranhos lumes moventes,
contando seus arcos astrológicos,
sussurrei: mundo, cessa, piedade, eu me afogo.
Palavra nenhuma basta para a beleza.
Eu enxergava dentro de mim extensos vales
e podia, o passo alado e brônzeo,
lançar-me acima deles em muletas de ar.
Mas isso se foi, noite sem memória.

Paris, 1934

TRÊS INVERNOS
TRZY ZIMY

Hymn

Nikogo nie ma pomiędzy tobą i mną.
Ani rośliny czerpiącej sok z głębokości ziemi,
ani zwierzęcia, ani człowieka,
ani wiatru chodzącego pomiędzy chmurami.

Najpiękniejsze ciała są jak szkło przezroczyste.
Najsilniejsze płomienie jak woda, zmywająca zmęczone nogi podróżnych.
Najzieleńsze drzewa jak ołów rozkwitły w środku nocy.
Miłość jest piaskiem połykanym wyschłymi ustami.
Nienawiść słonym dzbanem podanym spragnionemu.
Toczcie się, rzeki; podnoście swoje ręce,
stolice! Ja, wierny syn czarnoziemu, powrócę do czarnoziemu
jakby życia nie było,
jakby pieśni i słowa tworzyło
nie moje serce, nie moja krew,
nie moje trwanie,
ale głos niewiadomy, bezosobowy,
sam łopot fal, sam wiatrów chór, samo wysokich drzew
jesienne kołysanie.

Nikogo nie ma pomiędzy tobą i mną,
a mnie jest dana siła.
Góry białe pasą się na równinach ziemskich,
do morza idą, do wodopoju swego,
nachylają się słońca coraz nowe

Hino

Não há ninguém entre ti e mim.
Nem planta sorvendo seiva das profundezas da terra,
nem bicho, nem homem,
nem vento vagando entre as nuvens.

Os corpos mais belos são como vidro transparente.
As chamas mais fortes, como água lavando os pés cansados
[dos viajantes.
As árvores mais verdes, como chumbo que floriu durante a
[noite.
O amor é areia bebida por lábios secos.
O ódio, um jarro salgado oferecido ao sedento.
Correi, rios, levantai vossas mãos,
capitais! Eu, filho fiel da terra negra, tornarei à terra negra
como se vida não houvesse,
como se a canção e a palavra fossem criadas
não por meu coração, meu sangue,
minha duração,
mas por uma voz desconhecida, impessoal,
o bater das ondas, o coro dos ventos, o balouçar das altas árvores
no outono.

Não há ninguém entre ti e mim
e me foi dada uma força.
Brancas montanhas pastam nas planícies da terra,
vão para o mar, para seu bebedouro,
sóis sempre novos se inclinam

nad doliną małej i ciemnej rzeki, gdzie się urodziłem.
Nie mam ani mądrości, ani umiejętności, ani wiary,
ale dostałem siłę, ona rozdziera świat.
Ciężką falą rozbiję się o brzegi jego
i odejdę, powrócę w wiecznych wód obszary,
a młoda fala pianą nakryje mój ślad. O ciemności!
Zabarwiona pierwszym blaskiem świtu,
jak płuco wyjęte z rozszarpanego zwierza,
kołyszesz się, zanurzasz się.
Ileż razy z tobą płynąłem
zatrzymany pośrodku nocy,
słysząc głos jakiś nad twoim struchlałym kościołem,
krzyk cietrzewi, szum wrzosu w tobie się rozszerzał
i świeciły dwa jabłka leżące na stole
albo otwarte błyszczały nożyce —
— a my byliśmy podobni:
jabłka, nożyce, ciemność i ja —
pod tym samym, nieruchomym,
asyryjskim, egipskim i rzymskim
księżycem.

Przemieniają się wiosny, mężczyźni i kobiety łączą się,
dzieci po ścianach rękami w półsenności wodzą,
ciemne lądy rysują palcem umaczanym w ślinie,
przemieniają się formy, rozpada się to, co wydawało się niezwyciężone.

Ale pomiędzy państwami powstającymi z dna mórz,
pomiędzy zgasłymi ulicami, na miejscu których
wzniosą się góry ze spadłej zbudowane planety,
wszystkiemu co minęło, wszystkiemu co minie
broni się młodość, czysta jak słoneczny kurz,

sobre o vale do pequeno e turvo rio junto do qual nasci.
Não possuo sabedoria, nem habilidade, nem crença,
mas me coube uma força, ela rasga o mundo.
Em uma pesada onda, me despedaço contra suas margens
e sigo, retorno aos domínios das eternas águas,
e uma jovem onda cobre meu rastro com espuma. Ó escuridão!
Tingida pelo primeiro fulgor da aurora,
como um pulmão arrancado das entranhas de uma fera,
estremeces, mergulhas.
Quantas vezes naveguei contigo
preso em meio à noite,
escutando alguma voz em tua igreja pasma,
o grito do galo silvestre, o sussurro da urze se alastravam em ti
e duas maçãs reluziam sobre a mesa
ou uma tesoura aberta cintilava
— e éramos semelhantes:
as maçãs, a tesoura, a escuridão e eu —
sob a mesma lua,
imóvel,
assíria, egípcia e romana.

Mudam as primaveras, homens e mulheres se unem,
crianças sonolentas deslizam as mãos nas paredes,
desenham países obscuros com o dedo molhado de saliva,
mudam as formas, sucumbe o que parecia invencível.

Mas entre os países que surgem do fundo dos mares,
entre as ruas apagadas em cujo lugar
avultam montanhas feitas de um planeta caído,
de tudo que passou, de tudo que passará,
se guarda a juventude, pura como a poeira do sol,

ani w dobrym, ani w złym nie rozmiłowana,
pod twoje olbrzymie nogi podesłana,
abyś ją gniótł, abyś po niej szedł,
abyś poruszał swoim oddechem koło,
a od jego ruchu drżała znikoma budowla,
abyś jej głód, a innym dawał sól, wino i chleb.

Nic mnie od ciebie nie dzieli.
Jeżeli jestem żołnierzem, ty jesteś skrzydłem na hełmie,
pociskiem, pożarów kulą, a skoro się ciebie wystrzeli,
to dajesz, na co wszelka żywa zasługuje istota.

Jeżeli jestem rolnikiem, ty rękami moimi pracujesz nad zniszczeniem
traw rozpiętych w ugorach i osuszasz błota,
aż wyrastają płody i wódka narodom spragnionym
jak manna spływa kroplami w pokorne gardła.

Marzącemu o władzy, ty jak zasłona czarna
rozpościerasz się nisko, zakrywając ludzkie domy.
We mgłę bije władca brązową stopą
i jak z żelaza sypią się skry
i chór wielbiący prawodawcę grzmi,
zanim nas nie obejmie pierścień potopu.

Jeszcze nie odzywa się głos rogu
zwołujący rozproszonych, leżących w dolinach.
Koło wozu ostatniego jeszcze nie dudni na grudzie.
Pomiędzy mną i tobą nie ma nikogo.

Paryż, 1935

desapaixonada do bem e do mal,
lançada sob teus pés colossais
para que a esmagues, para que avances sobre ela,
para que tua respiração gire a roda
e a roda faça tremer o ínfimo edifício,
para que dês fome a ela e, aos outros, sal, vinho e pão.

Nada me separa de ti.
Se eu sou um soldado, és a asa do elmo,
o projétil, a bola de fogo, e, tão logo sobrevém o disparo,
provês aquilo a que faz jus cada vivente.

Se sou um lavrador, te empenhas com minhas mãos para
[destruir
o capim no alqueive e drenas a lama,
até que chegue a colheita e a vodca se derrame,
como gotas de maná, nas gargantas humildes das nações
[sedentas.

Para quem sonha com o poder, te estendes como um véu negro
rente ao chão, encobrindo os lares humanos.
Bate na névoa o passo de bronze do soberano
e faíscas saltam como do ferro
e retumba o coro em adoração ao criador da lei,
antes que nos abrace o anel do dilúvio.

Ainda não ecoa a voz da corneta
convocando os dispersos que jazem nos vales.
A roda da última carroça ainda não range na terra congelada.
Entre mim e ti não há ninguém.

Paris, 1935

Roki

Wszystko minione, wszystko zapomniane,
tylko na ziemi dym, umarłe chmury,
i nad rzekami z popiołu tlejące
skrzydła i cofa się zatrute słońce,
a potępienia brzask wychodzi z mórz.

Wszystko minione, wszystko zapomniane,
więc pora, żebyś ty powstał i biegł,
chociaż ty nie wiesz, gdzie jest cel i brzeg,
ty widzisz tylko, że ogień świat pali.

I nienawidzieć pora, co kochałeś,
i kochać to, co znienawidziłeś,
i twarze deptać tych, którzy milczącą
piękność wybrali.

Pustką, aleją, wąwozami niemych
— gdzie wiatr na szepty każdy głos zamienia
albo w sen twardy z odrzuconą głową —
iść. Wtedy... Wtedy wszystko we mnie było
krzykiem i wołaniem. Krzykiem i wołaniem
ruń czarnych wiosen rozdzierała mnie.
Dosyć. Dosyć. Nic się przecie nie śniło.
Nikt nic o tobie nie wie. To wiatr tak w drutach dmie.

Więc pora. Ja tę ziemię tak kochałem,
jak nie potrafi nikt w lepszej epoce,

Julgamentos

Tudo passado, tudo esquecido,
só fumaça na terra, nuvens soturnas,
e, sobre rios de cinzas, asas em
chamas e um sol envenenado se turva
e um fulgor de condenação reponta nos mares.

Tudo passado, tudo esquecido,
então é tempo de te ergueres e fugir,
embora não saibas o pouso, a margem além daqui,
vês tão só que o mundo arde.

E é tempo de odiar o que amaste,
de amar o que odiaste,
de pisar as faces dos que escolheram
a beleza sem alarde.

Pelo vazio, pela avenida, por desfiladeiros mudos
— onde o vento converte toda voz em murmúrio
ou por um sono duro com a cabeça desabada —
seguir. Então... Então tudo em mim era
grito e chamado. Com seu grito e seu chamado
me dilacerava a ceifa de sombrias primaveras.
Basta. Basta. Nada se sonhou, afinal. Ninguém sabe nada
de ti. É só o vento no arame retesado.

Então é tempo. Eu amei essa terra
como ninguém poderia em melhor época,

kiedy są dnie szczęśliwe i pogodne noce,
kiedy pod łukiem powietrza, pod bramą
obłoków, rośnie to wielkie przymierze
wiary i siły.

Teraz ty musisz ciasno oczy mrużyć,
bo góry, miasta i wody się spiętrzą,
i to, co przygniecione trwało — naprzód runie,
co naprzód szło — upadnie wstecz.
Tak, tylko ten, co krew od innych miał gorętszą,
na cwałującym stanie złotych głów tabunie
i z krzykiem w dół obróci ostry miecz.

Minione, minione, nikt nie pamięta win,
tylko drzewa jak w niebo rzucone kotwice,
stada spływają z gór, zasłały ulice,
kręcą się szprychy, oplata nas dym.

Wilno, 1936

quando os dias são felizes e as noites, quietas,
quando, sob o arco do ar, sob o portão
das nuvens, avulta a grande aliança
da fé e da força.

Agora tens de cerrar firme os olhos,
porque se amontoam montanhas, águas e cidades,
e o que se mantinha oprimido — quedará para diante,
o que seguia adiante — tombará para trás.
Sim, só aquele de sangue mais férvido há de
se erguer entre as cabeças da manada galopante
e virar para o chão, com um grito, a espada que traz.

Passado, passado, ninguém recorda culpa alguma,
apenas árvores, como âncoras no céu revolto,
rebanhos descem das montanhas, ruas em alvoroço,
os raios da roda giram, a fumaça se avoluma.

Vilnius, 1936

SALVAÇÃO
OCALENIE

Ucieczka

Kiedyśmy z płonącego uchodzili miasta,
Na pierwszej drodze polnej wstecz zwracając oczy
Mówiłem: „Niechaj trawa ślad nasz pozarasta,
Niechaj w ogniu umilkną wrzeszczący prorocy,
Niech umarli umarłym mówią, co się stało,
Nam znaczono gwałtowne, nowe zrodzić plemię,
Wolne od zła i szczęścia, które tam drzemało.
Idźmy". A miecz płomieni otwierał nam ziemię.

Goszyce, 1944

Fuga

Quando fugimos da cidade incendiada,
Na campina, voltando atrás a vista incerta,
Eu disse: "Que a relva cubra nossas pegadas,
Que emudeça no fogo o brado dos profetas,
Os mortos contem aos mortos quanto se via,
Nova estirpe nascerá de nossa semente,
Feroz, livre do mal e do bem de outros dias.
Vamos". E a terra abriu sob uma espada ardente.

Goszyce, 1944

Pieśń Levallois

Baraki dla bezrobotnych w Levallois-Perret, 1935

Boże, miej litość nad Levallois,
Wejrzyj pod dymem zatrute kasztany,
Daj chwilę szczęścia słabym i pijanym,
Dłoń twoja mocna w opiece ich ma.

Przez cały dzień kradli, złorzeczyli,
Teraz na pryczach rany swoje liżą,
I kiedy noc zawisła na Paryżu,
Oni twarz w dłoniach zbójeckich ukryli:
Boże, miej litość nad Levallois.

Oni za twoim przykazaniem szli,
Zbierali zboże, węgiel w ziemi darli
I nieraz w bratniej obmyli się krwi
Szepcząc imiona Jezusa i Marii.

W knajpach ich bełkot nieprzytomny rósł,
A to ich pieśń ku twojej była chwale.
We wnętrzach ziemi, na otchłaniach mórz,
W pyle ginęli, mrozie i upale.

To oni ciebie nad sobą dźwignęli,
Ich ręka twoją wyrzeźbiła twarz.
Więc na kapłanów wiernych wejrzeć racz,
Daj im uciechy jadła i pościeli.

A canção de Levallois

Barracos para desempregados em Levallois-Perret, 1935

Deus, tem piedade de Levallois,
Olha entre a fumaça as castanheiras sem vida,
Vela por essa gente ébria, desvalida,
Leva um pingo de bonança até lá.

Roubaram e praguejaram 'té o sol posto,
Agora, já alta noite em Paris,
Lambem as feridas nos leitos vis
E nas mãos criminosas ocultam o rosto.
Deus, tem piedade de Levallois.

Tomaram teu mandamento por guia,
Plantaram, arrancaram da mina o carvão
E murmurando "Jesus e Maria"
Muita vez se banharam no sangue do irmão.

Soa nas tavernas seu vozerio insano
E é em glória tua o canto enfermo.
No fundo da terra, no seio do oceano,
Ei-los, definham, no frio, no ermo.

Eles te levantaram às alturas,
Teu rosto, pela mão deles foi esculpido.
Desses fiéis sacerdotes, ouve o pedido,
Dá o sono justo, a justa fartura.

Znamiona grzechu i choroby zdejm,
Swobodnych wprowadź w podwoje Sodomy,
Wieńcami kwiatów niech ozdobią domy,
Niech żyć umieją i umierać lżej.

Ciemność. Milczenie. Most daleki gra.
Wiatr w Kainowych drzewach dmie strumieniem.
Nad pustką ziemi, nad ludzkim plemieniem,
Nie ma litości nad Levallois.

Apaga as marcas do pecado e do veneno,
Libertos, adentrem Sodoma, enfim,
Flores adornem suas casas e jardins,
Que o viver e morrer lhes pese menos.

Treva. Silêncio. Uma ponte a tremular.
Nas árvores de Caim, sopra um vento insone.
No vazio do mundo, na tribo dos homens,
Não há piedade por Levallois.

Biedny poeta

Pierwszy ruch jest śpiewanie,
Swobodny głos napełniający góry i doliny.
Pierwszy ruch jest radość,
Ale ona zostaje odjęta.

I kiedy lata odmieniły krew,
A tysiąc systemów planetarnych urodziło się i zgasło w ciele,
Siedzę, poeta podstępny i gniewny,
Z przymrużonymi złośliwie oczami,
I ważąc w dłoni pióro
Obmyślam zemstę.

Stawiam pióro, i puszcza pędy i liście, okrywa się kwiatem,
A zapach tego drzewa jest bezwstydny, bo tam, na realnej ziemi
Takie drzewa nie rosną i jest jak zniewaga
Wyrządzona cierpiącym ludziom zapach tego drzewa.

Jedni chronią się w rozpacz, która jest słodka
Jak mocny tytoń, jak szklanka wódki wypita w godzinie zatraty.
Inni mają nadzieję głupich, różową jak erotyczny sen.

Jeszcze inni znajdują spokój w bałwochwalstwie ojczyzny,
Które może trwać długo,
Chociaż niewiele dłużej, niż trwa jeszcze dziewiętnasty wiek.

Ale mnie dana jest nadzieja cyniczna,
Bo odkąd otworzyłem oczy, nie widziałem nic prócz lun i rzezi,

Um pobre poeta

O primeiro movimento é o canto,
A voz livre preenchendo montanhas e vales.
O primeiro movimento é a alegria,
Mas ela é tomada.

E quando os anos mudaram o sangue
E mil sistemas planetários nasceram e se extinguiram no corpo,
Eu me sento, poeta ardiloso e irado,
Com os olhos maldosamente cerrados,
E pesando a pena entre os dedos
Planejo vingança.

Molho a pena e repontam nela brotos e folhas, se cobre de flores,
E o perfume dessa árvore é impudente, porque lá, na terra real,
Árvores assim não crescem e é como um insulto
A toda a gente que sofre o perfume dessa árvore.

Uns se protegem no desespero, que é doce
Como o tabaco forte, o trago de vodca na hora da perdição.
Outros têm a esperança dos tolos, rósea como um sonho erótico.

Outros ainda encontram paz na idolatria da pátria,
Que pode durar muito,
Mas não muito mais do que perdure ainda o século xix.

A mim, porém, foi dada uma esperança cínica,
Pois desde que abri os olhos nada vi senão clarões e carnificinas,

Prócz krzywdy, poniżenia i śmiesznej hańby pyszałków.
Dana mi jest nadzieja zemsty na innych i na sobie samym,
Gdyż byłem tym, który wiedział
I żadnej z tego dla siebie nie czerpał korzyści.

Senão dano, humilhação e a irrisória infâmia dos soberbos.
Me foi dada a esperança da vingança contra os outros e contra
[mim mesmo,
Pois eu fui aquele que sabia
E não tirou disso para si qualquer proveito.

Biedny chrześcijanin patrzy na getto

Pszczoły obudowują czerwoną wątrobę,
Mrówki obudowują czarną kość,
Rozpoczyna się rozdzieranie, deptanie jedwabi,
Rozpoczyna się tłuczenie szkła, drzewa, miedzi, niklu, srebra, pian
Gipsowych, blach, strun, trąbek, liści, kul, kryształów —
Pyk! Fosforyczny ogień z żółtych ścian
Pochłania ludzkie i zwierzęce włosie.

Pszczoły obudowują plaster płuc,
Mrówki obudowują białą kość,
Rozdzierany jest papier, kauczuk, płótno, skóra, len,
Włókna, materie, celuloza, włos, wężowa łuska, druty,
Wali się w ogniu dach, ściana i żar ogarnia fundament.
Jest już tylko piaszczysta, zdeptana, z jednym drzewem bez liści
Ziemia.

Powoli, drążąc tunel, posuwa się strażnik-kret
Z małą czerwoną latarką przypiętą na czole.
Dotyka ciał pogrzebanych, liczy, przedziera się dalej,
Rozróżnia ludzki popiół po tęczującym oparze,
Popiół każdego człowieka po innej barwie tęczy.
Pszczoły obudowują czerwony ślad,
Mrówki obudowują miejsce po moim ciele.

Um pobre cristão olha para o gueto

Abelhas revestem um fígado vermelho,
Formigas revestem um osso negro,
Começa: seda despedaçada, pisada,
Começa: vidro partido, madeira, cobre, níquel, prata, espumas
De gesso, chapas metálicas, cordas de instrumentos, trompetes,
[folhas, esferas, cristais —
Puf! A chama fosforescente das paredes amarelas
Consome pelo animal e humano.

Abelhas revestem favos de pulmões,
Formigas revestem um osso branco,
Papel é despedaçado, borracha, pano, pele, linho,
Fibras, tecidos, celulose, cabelo, couro de cobra, fios;
Desabam no fogo teto, parede e o incêndio toma os
[fundamentos.
Já resta apenas, arenosa, pisada, com uma única árvore sem
[folhas,
A terra.

Devagar, cavando um túnel, avança o
[vigia-com-garras-de-toupeira,
Com uma pequena lanterna presa em sua fronte.
Toca os corpos enterrados, conta, vai abrindo caminho,
Distingue as cinzas humanas pela exalação iridescente,
As cinzas de cada um, por uma cor do arco-íris.
Abelhas revestem um rastro vermelho,
Formigas revestem o lugar deixado por meu corpo.

Boję się, tak się boję strażnika-kreta.
Jego powieka obrzmiała jak u patriarchy,
Który siadywał dużo w blasku świec
Czytając wielką księgę gatunku.

Cóż powiem mu, ja, Żyd Nowego Testamentu,
Czekający od dwóch tysięcy lat na powrót Jezusa?
Moje rozbite ciało wyda mnie jego spojrzeniu
I policzy mnie między pomocników śmierci:
Nieobrzezanych.

Tenho medo, tenho tanto medo do vigia-que-escava-o-chão.
Sua pálpebra inchada como a de um patriarca
Que se debruçou longamente à luz das velas
Lendo o grande livro da espécie.

O que direi a ele, eu, um judeu do Novo Testamento,
Esperando há dois mil anos a volta de Jesus?
Meu corpo destroçado me denunciará ante seu olhar
E ele me contará entre os ajudantes da morte,
Os não circuncidados.

Pożegnanie

Mówię do ciebie po latach milczenia,
Mój synu. Nie ma Werony.
Roztarłem pył ceglany w palcach. Oto co zostaje
Z wielkiej miłości do rodzinnych miast.

Słyszę twój śmiech w ogrodzie. I wiosny szalonej
Zapach po mokrych listkach przybliża się do mnie,
Do mnie, który nie wierząc w żadną zbawczą moc
Przeżyłem innych i samego siebie.

Żebyś ty wiedział, jak to jest, gdy nocą
Budzi się nagle ktoś i zapytuje
Słysząc bijące serce: Czego ty chcesz jeszcze,
Nienasycone? Wiosna, słowik śpiewa.

Śmiech dziecinny w ogrodzie. Pierwsza gwiazda czysta
Otwiera się nad pianą nierozkwitłych wzgórz
I znów na usta moje wraca lekki śpiew,
I młody znowu jestem jak dawniej, w Weronie.

Odrzucić. Odrzucić wszystko. To nie to.
Nie będę wskrzeszać ani wracać wstecz.
Śpijcie, Romeo i Julio, na wezgłowiu z potrzaskanych piór,
Nie podniosę z popiołu waszych rąk złączonych.
Opustoszałe katedry niech nawiedza kot

Despedida

Falo contigo após anos de silêncio,
Meu filho. Verona não existe.
Bati dos dedos o pó dos tijolos. Eis o que resta
Do grande amor pelas cidades natais.

Ouço teu riso no jardim. E o aroma da louca
Primavera se achega a mim através das folhas molhadas,
A mim que, sem acreditar em qualquer força salvadora,
Sobrevivi a outros e a mim mesmo.

Para que saibas como é quando, à noite,
Alguém desperta de súbito e pergunta
Ouvindo o coração latejar: O que queres ainda,
Insaciado? Primavera, o rouxinol canta.

Um riso infantil no jardim. A primeira estrela límpida
Desponta na espuma das colinas não floridas.
E de novo retorna a meus lábios um leve canto,
E sou jovem de novo como outrora, em Verona.

Recusar. Recusar tudo. Não é isso.
Nada reviverei nem voltarei atrás.
Continuai a dormir, Romeu e Julieta, na cabeceira de plumas
          [despedaçadas,
Não erguerei das cinzas vossas mãos unidas.
Que um gato visite as catedrais desertas

Świecąc źrenicą na ołtarzach. Sowa
Na martwym ostrołuku niech uściele gniazdo.

W skwarne, białe południe wśród rumowisk wąż
Niech grzeje się na liściach podbiału i w ciszy
Lśniącym kręgiem owija niepotrzebne złoto.

Nie wrócę. Ja chcę wiedzieć, co zostaje
Po odrzuceniu wiosny i młodości,
Po odrzuceniu karminowych ust,
Z których w noc parną płynie
Fala gorąca.

Po odrzuceniu pieśni i zapachu wina,
Przysiąg i skarg, i diamentowej nocy,
I krzyku mew, za którym biegnie blask
Czarnego słońca.

Z życia, z jabłka, które przeciął płomienisty nóż,
Jakie ocali się ziarno.

Synu mój, wierzaj mi, nie zostaje nic.
Tylko trud męskiego wieku,
Bruzda losu na dłoni.
Tylko trud,
Nic więcej.

Kraków, 1945

Cintilando a retina nos altares. Que uma coruja
Faça seu ninho na ogiva morta.

Na tarde branca de calor nas ruínas, que uma serpente
Se aqueça entre pétalas de unhas-de-cavalo e que na quietude
Ela envolva em seu anel lustroso o ouro inútil.

Não voltarei. Quero saber o que resta
Após a recusa da primavera e da juventude,
Após a recusa da boca de carmim,
Da qual, na noite abafada, brota
Uma onda ardente.

Após a recusa da canção e do aroma do vinho,
Dos juramentos e queixas, e dos diamantes da noite,
E do grito das gaivotas, em cujo rastro refulge
Um sol negro.

Da vida, da maçã cortada pela faca flamejante,
Que semente se salvará.

Meu filho, crê em mim, não resta nada.
Só o afã da idade adulta,
O sulco do destino na palma.
Só o afã,
Mais nada.

Cracóvia, 1945

W Warszawie

Co czynisz na gruzach katedry
Świętego Jana, poeto,
W ten ciepły, wiosenny dzień?

Co myślisz tutaj, gdzie wiatr
Od Wisły wiejąc rozwiewa
Czerwony pył rumowiska?

Przysięgałeś, że nigdy nie będziesz
Płaczką żałobną.
Przysięgałeś, że nigdy nie dotkniesz
Ran wielkich swego narodu,
Aby nie zmienić ich w świętość,
Przeklętą świętość, co ściga
Przez dalsze wieki potomnych.

Ale ten płacz Antygony,
Co szuka swojego brata,
To jest zaiste nad miarę
Wytrzymałości. A serce
To kamień, w którym jak owad
Zamknięta jest ciemna miłość
Najnieszczęśliwszej ziemi.

Nie chciałem kochać tak,
Nie było to moim zamiarem.
Nie chciałem litować się tak,

Em Varsóvia

Que fazes nos destroços da catedral
De São João, poeta,
Nesse dia quente de primavera?

Em que pensas, aqui, onde o vento
Que sopra do Vístula dispersa
O pó vermelho dos escombros?

Juraste que nunca serias
Uma carpideira.
Juraste que nunca tocarias
As grandes feridas da tua nação,
Para não torná-las coisa santa,
Maldita coisa santa que persegue
Os pósteros pelos séculos afora.

Mas este pranto de Antígona
À procura do irmão,
Isto vai além da medida
Do suportável. E o coração
É uma pedra em que, como um inseto,
resta encerrado o escuro amor
Da terra mais desventurada.

Não queria amar assim,
Não era esse meu propósito.
Não queria me condoer assim,

Nie było to moim zamiarem.
Moje pióro jest lżejsze
Niż pióro kolibra. To brzemię
Nie jest na moje siły.
Jakże mam mieszkać w tym kraju,

Gdzie noga potrąca o kości
Niepogrzebane najbliższych?
Słyszę głosy, widzę uśmiechy. Nie mogę
Nic napisać, bo pięcioro rąk
Chwyta mi moje pióro
I każe pisać ich dzieje,
Dzieje ich życia i śmierci.
Czyż na to jestem stworzony,
By zostać płaczką żałobną?
Ja chcę opiewać festyny,
Radosne gaje, do których
Wprowadzał mnie Szekspir. Zostawcie
Poetom chwilę radości,
Bo zginie wasz świat.

Szaleństwo tak żyć bez uśmiechu
I dwa powtarzać wyrazy
Zwrócone do was, umarli,
Do was, których udziałem
Miało być wesele
Czynów myśli i ciała,
Pieśni, uczt.
Dwa ocalone wyrazy:
Prawda i sprawiedliwość.

Kraków, 1945

Não era esse meu propósito.
Minha pena é mais leve
Que a pena do colibri. Esse fardo
Sobrepuja minhas forças.
Como habitar este país,

Onde meu pé tropeça nos ossos
Insepultos dos mais próximos?
Ouço vozes, vejo sorrisos. Não posso
Não escrever nada, porque cinco mãos
Tomam minha pena
E me ordenam escrever-lhes a história,
A história de sua vida e morte.
Fui então criado para isso,
Para tornar-me uma carpideira?
Eu quero cantar os festins,
Os bosques alegres aonde
Shakespeare me levou. Deixai
Aos poetas um instante de alegria,
Ou vosso mundo perecerá.

Loucura viver assim sem um sorriso
E repetir duas palavras
Voltadas para vós, mortos,
Para vós, cujo quinhão
Devia ser o júbilo dos feitos
Da mente e do corpo,
Das canções, dos banquetes.
Duas palavras sobreviventes:
Verdade e justiça.

Cracóvia, 1945

LUZ DO DIA
ŚWIATŁO DZIENNE

Siegfried i Erika

To miasto, jak niechlujna pościel z wnętrza nocy,
Pył gruzu w ustach, goni mnie, Eriko.
Takie spotkanie... Z bram śląskiego dworu
Zdarto herbową tarczę i zdeptano.
I Frau Matylda w białej kryzie, na tle flamandzkich portretów,
Zmarła, na tyfus, na błotnistych drogach.
Wiem tylko jedno: że ład jest nietrwały.
Chaos intencje nasze mgłą otacza,
Cierpliwie swojej czekając godziny.
Opada gorset honoru i zbroi,
Zostaje tylko lękliwe spojrzenie
Usłużnych oczu z dna zarosłej twarzy,
Podarty płaszcz wojskowy, stręczycielstwo
I rada polityczna szeptana do ucha
Nowemu władcy, a więc: Los.
Albo kobiety: krok ich tak sprężysty,
Piersi niesione tak dumnie, a potem
Spod węzła chustki skulone wabienie
W ogrodach pogiętego żelastwa, dar
Dla Murzynów za paczkę cameli.
Tak, zabijałem. Czy to źle, Eriko?
Szosa szła do mnie z gwizdem moich sterów,
A tam był chaos, rozumiesz? Kolumny
Wozów, toboły, brud, skwar, czołganie się, strach, rozprzężona
Wola niezdolna utrzymać zamiaru.

Siegfried e Erika

Esta cidade, como lençóis sujos no âmago da noite,
Pó de escombros na boca, me persegue, Erika.
Um encontro assim... O brasão do solar silesiano
Foi arrancado dos portões e pisado.
E *Frau* Matylda, em sua nívea gorjeira ao pé de retratos
                                                [flamengos,
Morreu de tifo em trilhas lamacentas.
Sei apenas uma coisa: que a ordem é efêmera.
O caos envolve nossas intenções em névoa,
Esperando pacientemente sua hora.
Cai o colete da honra e o da armadura,
Resta apenas o olhar temeroso
E servil do fundo do rosto encoberto,
O casaco militar rasgado, a alcovitagem
E o conselho político sussurrado no ouvido
Do novo soberano, portanto: o Destino.
Ou as mulheres: seu andar tão lépido,
Os seios empinados com tanto orgulho, e depois,
Sob o nó do lenço, o chamariz encolhido
Em jardins de ferragens retorcidas, dádiva
Para negros por um maço de Camel.
Sim, eu matei. Isso é ruim, Erika?
A estrada vinha a mim com um silvo das minhas rédeas
E era o caos, entendes? Colunas
De carroças, trouxas, calor, imundície, corpos rastejando, medo,
                                                [vontade
Dissoluta, incapaz de sustentar um propósito.

Śmiertelne iskry, które w ten tłum biegły
Spod moich skrzydeł, były takie czyste!
Trwałem nad światem, urzeczywistniony
Kształt człowieczeństwa wolnego od skarg.
Nad ciałem i maszyną miałem władzę,
Po przyszłość rodu ludzkiego sięgałem,
Kiedy się cofną granice chaosu
I będzie jedna linia niezmącona,
Budowla jasna jak masztowa stal.
Więc oskarżają nas? Oby poznali,
Jak się w niewiedzy stawia pierwszy krok.
Łopoce sztandar i miłość wspólnoty
Zagłusza drobną niemęską wątpliwość,
Która tykoce, przesąd liberalny.
Oby zwycięzcy poznali, jak szybko
Idzie się od pierwszego przyzwolenia
Do pełnej wiary, na ostatni próg.
Jeżeli dzień nastąpi, kiedy krzykną:
My? My niewinni! Myśmy nie wiedzieli!
Wtedy zrzucone będzie brzemię win
I nasz niemiecki naród sięgnie znów
Po cześć należną, wierzaj, siostro.

Washington D.C., 1949

As fagulhas mortais que disparavam das minhas asas
Sobre aquela multidão eram tão puras!
Eu estava acima do mundo, consumada
Forma de humanidade, livre de queixumes.
Sobre corpo e máquina eu tinha poder,
Eu alcançava o futuro da estirpe humana,
Quando as fronteiras do caos recuarão
E haverá uma só linha, imperturbada,
Um edifício claro como o aço do mastro.
Então nos acusam? Que soubessem
Como, na ignorância, avança o primeiro passo.
Estala o estandarte e o amor da comunidade
Ensurdece a pequena dúvida inviril
E sua cantilena, um preconceito liberal.
Que os vencedores saibam quão rápido
Se passa da primeira anuência
À inteiriça fé, ao derradeiro umbral.
Se vier o dia em que clamarem:
Nós? Nós somos inocentes! Nós não sabíamos!
Então quedará dos ombros o fardo das culpas
E nossa nação alemã buscará de novo
A honra devida, crê, irmã.

Washington D.C., 1949

Faust warszawski

Kiedy w Luksemburskim ogrodzie fontanna
Szemrze i płyną żaglowe okręty
Pchnięte dziecinną dłonią, myślę o tobie.

W niebieskim świetle, w konstelacjach liści
Przede mną ty, sam wiesz o tym, Faust,
Któremu nie wystarczył eliksir młodości,
Ty, żądający ładu i potęgi.
Kreślę na piasku linie, zjawiasz się
I zapytuję ciebie: jakie prawo
Masz kłamać sobie i swój własny strach
Nazwać imieniem ładu i potęgi?

Strach: aby nie spaść między tych, co żyją,
Jak żyje woda w zarosłych ogrodach,
W ciemności ruin. Których ślepe trwanie
Jest wypełnieniem śmierci, nim umarli.

Zaiste, mało ufasz ludzkiej sile.
Poniżasz siebie, wierząc, że już nikt
Nie ujdzie losom tych, co na wygnaniu
Dar odrzucili największy: umysłu.

Strach: aby ręce ich nas nie dosięgły.
Tak, i to prawda, że ściga mnie sfora
Handlarzy dobrym imieniem, oprawców,
Morderców per procuram. *Lecz tak być powinno.*
Kto w polskim pisał języku coś więcej

O Fausto de Varsóvia

Quando a fonte murmura no Jardim de Luxemburgo
E navegam barquinhos a vela
Empurrados pela mão de uma criança, penso em ti.

Sob a luz azul, nas constelações das folhas
Diante de mim, tu, bem o sabes, Fausto,
A quem não bastou o elixir da juventude,
Tu, exigindo ordem e poder.
Traço linhas na areia, surges
E te pergunto: que direito tens
De mentir a si mesmo e de chamar o próprio medo
Pelo nome de ordem e poder?

Medo: não cair entre aqueles que vivem
Como a água vive nos jardins abandonados,
Na escuridão das ruínas. Cuja cega duração
É morte consumada, antes de haverem morrido.

De fato, confias pouco na força humana,
Rebaixas a ti mesmo crendo que ninguém mais
Escapará à sorte dos que, no exílio,
Recusaram a maior das dádivas: a mente.

Medo: que as mãos deles não nos alcancem.
Sim, também é verdade que me perseguem matilhas
De mercadores do bom nome, carrascos,
Assassinos *per procuram*. Mas assim devia ser.
Quem escreveu em polonês algo mais

Niż ody czułe, nikomu nie groźne,
Co kiedykolwiek miał prócz nienawiści?

Strach: aby wyrok nie zapadł — Historii,
Mówisz, wzruszając ramionami. Patrz,
Tu, w tym ogrodzie, trzymałem jej rękę,
Jej ciało było jak ciało jaskółki
Trzepocące się we wnętrzu dłoni. Śmierć.
I nie wiem nawet, czy powiedzieć można,
Że ją uwiozła w mroki łódź Charona,
Bo drut kolczasty, obrzydliwość, krew.
Zanim cudowny mechanizm gorących
Iskier i myśli, pragnień i natchnienia
Rozpadnie się, wrócony będąc ziemi,
Czemuż bym nie miał w oddanej mi chwili
Długu zapłacić tym, co nie zaznali
Doskonałości dojrzewania? Terror
Zwany Historią wtedy niech dosięga.

Strach. Szofer klakson przyciska i w biegu
Widzisz ruiny posiwiałe Woli,
Rusztowania, kurz cegły. Tłum biedny, tłum szary,
Z nogi na nogę w ogonkach się chwieje,
Czoło ocierasz zagraniczną chustką.
Czarnoksiężniku, znasz karę, co spada,
Karę zrodzoną w dymach tego wieku.
Jak błysk magnezji wybucha i trwa
— O, niechaj będzie przeklęta —

Świadomość.

Paryż, 1952

Do que ternas odes, de todo inofensivas,
O que obteve, quando quer que seja, além de ódio?

Medo: que não se pronuncie a sentença — da História,
Dizes, dando de ombros. Olha,
Aqui, neste jardim, eu segurei a mão dela,
Seu corpo era como o corpo de uma andorinha,
Agitando-se no côncavo das mãos. Morte.
E não sei nem mesmo se é possível dizer
Que o barco de Caronte a levou para as trevas,
Porque o arame farpado, o horror, o sangue.
Antes que o mecanismo formidável de ardentes
Centelhas e ideias, desejos e inspiração
Se despedace, sendo devolvido à terra,
Por que não haveria eu, no instante a mim concedido,
De pagar a dívida junto àqueles que não conheceram
A perfeição da adolescência? Que o terror
Chamado de História não tarde, então.

Medo. O motorista aperta a buzina e, em marcha,
Vês as grisalhas ruínas do bairro de Wola,
Os andaimes, o pó dos tijolos. A multidão miserável, cinzenta,
Balança de um pé a outro nas filas,
Limpas a testa com um lenço estrangeiro.
Mago, tu conheces o castigo que espreita,
O castigo gerado em meio à fumaça deste século.
Como um lampejo de magnésio, fulgura e persiste
— Ó maldita seja —

A consciência.

Paris, 1952

Mittelbergheim

Stanisławowi Vincenzowi

Wino śpi w beczkach z dębu nadreńskiego.
Budzi mnie dzwon kościołka między winnicami
Mittelbergheim. Słyszę małe źródło
Pluszczące w cembrowinę na podwórzu, stuk
Drewniaków na ulicy. Tytoń schnący
Pod okapem i pługi, i koła drewniane,
I zbocza gór, i jesień przy mnie są.

Oczy mam jeszcze zamknięte. Nie goń mnie
Ogniu, potęgo, siło, bo za wcześnie.
Przeżyłem wiele lat i jak w tym śnie
Czułem, że sięgam ruchomej granicy,
Za którą spełnia się barwa i dźwięk
I połączone są rzeczy tej ziemi.
Ust mi przemocą jeszcze nie otwieraj,
Pozwól mi ufać, wierzyć, że dosięgnę,
Daj mi przystanąć w Mittelbergheim.

Ja wiem, że powinienem. Przy mnie są
Jesień i koła drewniane, i liście
Tytoniu pod okapem. Tu i wszędzie
Jest moja ziemia, gdziekolwiek się zwrócę
I w jakimkolwiek usłyszę języku
Piosenkę dziecka, rozmowę kochanków.
Bardziej od innych szczęśliwy, mam wziąć
Spojrzenie, uśmiech, gwiazdę, jedwab zgięty
Na linii kolan. Pogodny, patrzący,

Mittelbergheim

A Stanisław Vincenz

O vinho dorme em barris de carvalho do Reno.
Acordo com o sino da igrejinha entre os vinhedos
De Mittelbergheim. Ouço a pequena fonte
Murmurejando nas pedras no pátio, o ressoar
De tamancos na rua. O fumo secando
No beiral e os arados, e as rodas de madeira,
E as encostas das montanhas, e o outono, rente a mim.

Meus olhos continuam fechados. Não me fustigues,
Fogo, ímpeto, força, é demasiado cedo.
Vivi muitos anos e, como neste sonho,
Eu sentia que alcançava uma fronteira móvel,
Além da qual se fazem plenos a cor e o som
E são combinadas as coisas desta terra.
Que minha boca ainda não seja obrigada a se abrir,
Permite que eu confie, que eu creia que alcançarei,
Deixa que eu me demore em Mittelbergheim.

Eu sei que deveria. Rente a mim,
O outono e as rodas de madeira, e as folhas
De fumo no beiral. Aqui e em toda parte
É minha terra, para onde quer que me volte
E qualquer que seja a língua em que escute
A canção da criança, a conversa dos amantes.
Mais afortunado que outros, tenho de recolher
O olhar, o sorriso, a estrela, a seda vincada
Na linha dos joelhos. Sereno, atento,

Mam iść górami, w miękkim blasku dnia
Nad wody, miasta, drogi, obyczaje.

Ogniu, potęgo, siło, ty, co mnie
Trzymasz we wnętrzu dłoni, której bruzdy
Są jak wąwozy olbrzymie, czesane
Wiatrem południa. Ty, co dajesz pewność
W godzinie lęku, tygodniu zwątpienia,
Za wcześnie jeszcze, niech wino dojrzewa,
Niechaj podróżni śpią w Mittelbergheim.

Mittelbergheim, Alzacja, 1951

Tenho de seguir pelas montanhas no tenro brilho do dia,
Por sobre as águas, cidades, caminhos, costumes.

Fogo, ímpeto, força, tu, que me
Trazes na palma da tua mão de sulcos
Imensos como desfiladeiros, escovados
Pelo vento do sul; tu, que emprestas certeza
Na hora do temor, na semana de dúvida,
É demasiado cedo ainda, que o vinho amadureça,
Que os viajantes durmam em Mittelbergheim.

Mittelbergheim, Alsácia, 1951

POEMAS DISPERSOS
WIERSZE ROZPROSZONE

Pożegnanie

Nie, ja na pewno ciebie nie zapomnę.
I chmury nad Warszawą moje są,
I obłoki idące ponad polskim krajem,
Ich cień ruchomy na kurzawie zbóż.

A gdyby miarą, której nie znam, odmierzono
Łzy gorzkie mego dojrzałego wieku,
Rozpacz wędrówki wśród obcych narodów —
Nikt by nie rzucił kamieniem.

Nie, ja na pewno ciebie nie zapomnę.
Kiedy o świcie stoi bujna rosa
W trawach i piasek nadwiślańskich dróg
Błyszczy różowo za liniami cienia,
Razem iść chciałbym i ziemię marzenia,
Ziemię przyszłości ruinom odbierać,
I pieśnią moją moich braci wspierać,
I to jest szczęście — gdybym tylko mógł.

Jeżeli wiedzieć chcesz, jak to się stało,
Że uciekłem od ziemi, która jest mi bliska,
Zrobiłem to — bo niechże jeden się odważy
Kształt nadać myślom, co nie mają twarzy,
I nie dba o zaklęcia i wyzwiska.

Zrobiłem to, bo hołdów mi nie składać
Tym, w których ręku policja i siła.

Despedida

Não, por certo eu não te esquecerei.
E as nuvens sobre Varsóvia são minhas
E as nuvens que passam sobre o chão polonês,
Sombra fugaz na messe poeirenta dos grãos.

E se fossem medidas, em medida que não conheço,
As lágrimas amargas da minha idade madura,
O desespero da jornada por nações estrangeiras —
Ninguém atiraria a pedra.

Não, por certo eu não te esquecerei.
No alvorecer, quando o orvalho demora
Sobre a relva e a areia das ribeiras do Vístula
Cintila rósea por trás das linhas de sombra,
Quisera ir junto e arrancar das ruínas
A terra sonhada, a terra futura,
E amparar meus irmãos com meu canto,
E é isto a felicidade — se eu pudesse, apenas.

Queres saber acaso o que se deu
Para que eu fugisse da terra que me é próxima,
Eu o fiz — pois, afinal, que ao menos um se atreva
A dar forma a pensamentos que não têm rosto,
Não cuidando de conjuros nem de insultos.

Eu o fiz para não render homenagem
Aos donos da polícia e da força.

Przed nikim bym nie musiał odpowiadać,
Gdybym rzekł sobie: taka jest konieczność.
I chleb, i sławę miałbym za tę grzeczność.
Ale moc inna we mnie zwyciężyła.

I sam przeciwko światu. Nie, nie sam:
Gdzie z nocnej zmiany idą robotnicy
I dzieci grają w piłkę na sennej ulicy,
Gdzie za brzozami komin wiejski dymi —
Oni są ze mną i ja jestem z nimi.

A gdyby miarą, której nie znam, odmierzono
Łzy gorzkie wszystkich podbijanych ludów,
Ich krzyk milczący, dlatego przeraźliwy.
Z nieczułych twórców niebosiężnych cudów
Nikt dziś nie zostałby żywy.

Nie, ja na pewno ciebie nie zapomnę,
Chyba że serce mi pęknie.
Żyć z tobą w szczęściu nie było mi dano,
Zgodziłem się wejść w pustkę tą straszliwą bramą
Dlatego, że kochałem
I słów nie dosyć było, ułożonych pięknie.

Que eu não precisasse responder perante ninguém
Se alguma vez me dissesse: foi necessário.
E pão e glória eu teria por esse obséquio.
Mas venceu em mim outro ímpeto.

E eu só contra o mundo. Não, não só:
Ali onde os operários se vão após o turno da noite
E as crianças jogam bola na rua modorrenta,
Onde uma chaminé camponesa lança fumaça entre
                                [bétulas —
Essas pessoas estão comigo e eu com elas.

E se fossem medidas, em medida que não conheço,
As lágrimas amargas de todos os povos subjugados,
Seu grito calado e por isso assustador.
Dos impassíveis criadores de altíssimos prodígios
Nenhum hoje restaria vivo.

Não, por certo eu não te esquecerei,
A não ser que meu coração desfaleça.
Viver contigo, feliz, não me foi dado.
Aceitei adentrar o vazio por esse portão terrível
Porque eu amava
E não bastaram belas urdiduras de palavras.

Notatnik: brzegi Lemanu

Buki czerwone, topole świecące
I strome świerki za mgłą października.
W dolinie dymi jezioro. Już śnieg
Leży na grzbietach gór po drugiej stronie.
Z życia zostaje co? Jedynie światło,
Przed którym oczy mrużą się w słoneczny
Czas takiej pory. Mówi się: to jest
I umiejętność żadna ani dar
Sięgnąć nie mogą poza to, co jest,
A niepotrzebna pamięć traci siłę.

Jabłecznik pachnie z beczek. Proboszcz miesza
Wapno łopatą przed budynkiem szkoły.
Mój syn tam biegnie ścieżką. Chłopcy niosą
Worki zebranych na zboczu kasztanów.
Jeśli zapomnę ciebie, Jeruzalem,
Niech, mówi prorok, uschnie mi prawica.
Podziemne drżenie wstrząsa tym, co jest,
Pękają góry i łamią się lasy.
Przez to, co było, i przez to, co będzie
Dotknięte, pada w popiół to, co jest.
Czysty, gwałtowny, wre na nowo świat
I nie ustaje pamięć ni dążenie.

Jesienne nieba, w dzieciństwie te same,
W wieku dojrzałym i w starości, wam
Nie będę się przyglądać. Krajobrazy

Caderno de notas: margens do Leman

Faias vermelhas, álamos resplandecentes
E íngremes abetos na neblina de outubro.
No vale, sobe fumaça do lago. A neve já
Recobre a crista das montanhas do outro lado.
Da vida, o que resta? Somente luz,
Ante a qual os olhos piscam no tempo
Ensolarado desta estação. Diz-se: isto é
E habilidade nenhuma, nenhum dom
Pode alcançar mais além do que é
E a memória sem serventia perde força.

O aroma da sidra nos barris. O vigário prepara
A cal com uma pá diante do prédio da escola.
Meu filho corre para lá por uma pequena trilha. Meninos
Carregam sacos de castanhas colhidas na encosta.
Se eu me esquecer de ti, Jerusalém,
Clama o profeta, que seque minha mão direita.
Um tremor subterrâneo abala o que é,
Fendem-se as montanhas, rompem-se os bosques.
Tocado pelo que foi e pelo que será,
Desfaz-se em cinzas o que é.
Puro, violento, o mundo fervilha de novo
E não cessam a memória nem o anseio.

Céus de outono, os mesmos na infância,
Na idade adulta e na velhice, para vós
Não voltarei meu rosto. Paisagens

Łagodnym ciepłem serce nam karmiące,
Jakaż trucizna w was, że nieme usta,
Ręce splecione na piersi i wzrok
Jak sennych zwierząt. A kto w tym, co jest,
Znajduje spokój, ład i moment wieczny,
Mija bez śladu. Godzisz się, co jest,
Niszczyć i z ruchu podjąć moment wieczny
Jak blask na wodach czarnej rzeki? Tak.

Bons, 1953

Que alimentais nosso coração com suave calor,
Que veneno escondeis que os lábios calam,
As mãos se entrelaçam no peito e o olhar
Semelha o de animais sonolentos? E aquele que encontra
Paz, ordem e um momento eterno no que é,
Passa sem vestígio. Aceitas destruir o que é
E tomar da correnteza um momento eterno
Como um brilho nas águas negras do rio? Sim.

Bons, 1953

Esse

Przyglądałem się tej twarzy w osłupieniu. Przebiegały światła stacji metra, nie zauważałem ich. Co można zrobić, jeżeli wzrok nie ma siły absolutnej, tak żeby wciągał przedmioty z zachłyśnięciem się szybkości, zostawiając za sobą już tylko pustkę formy idealnej, znak, niby hieroglif, który uproszczono z rysunku zwierzęcia czy ptaka? Lekko zadarty nos, wysokie czoło z gładko zaczesanymi włosami, linia podbródka — ale dlaczego wzrok nie ma siły absolutnej? — i w różowawej bieli wycięte otwory, w których ciemna błyszcząca lawa. Wchłonąć tę twarz, ale równocześnie mieć ją na tle wszystkich gałęzi wiosennych, murów, fal, w płaczu, w śmiechu, w cofnięciu jej o piętnaście lat, w posunięciu naprzód o trzydzieści lat. Mieć. To nawet nie pożądanie. Jak motyl, ryba, łodyga rośliny, tylko rzecz bardziej tajemnicza. Na to mi przyszło, że po tylu próbach nazywania świata umiem już tylko powtarzać w kółko najwyższe, jedyne wyznanie, poza które żadna moc nie może sięgnąć: ja j e s t e m — ona j e s t. Krzyczcie, dmijcie w trąby, utwórzcie tysiączne pochody, skaczcie, rozdzierajcie sobie ubrania, powtarzając to jedno: jest! I po co zapisano stronice, tony, katedry stronic, jeżeli bełkocę, jakbym był pierwszym, który wyłonił się z iłu na brzegach oceanu? Na co zdały się cywilizacje Słońca, czerwony pył rozpadających się miast, zbroje i motory w pyle pustyń, jeżeli nie dodały nic do tego dźwięku: j e s t?

Esse*

Observava estupefato aquele rosto. As luzes da estação do metrô passavam correndo, eu não as percebia. Que se pode fazer se a visão não tem uma força absoluta, para abarcar os objetos na velocidade de um arroubo, deixando para trás apenas o vazio de uma forma ideal, um signo, um hieróglifo subtraído do desenho da fera ou do pássaro? O nariz ligeiramente arrebitado, a testa alta com os cabelos bem presos, o contorno do queixo — mas por que a visão não tem uma força absoluta? — e num branco rosado fendas cavas, com uma lava escura e lustrosa. Absorver aquele rosto, mas tê-lo ao mesmo tempo contra o pano de fundo de todas as ramagens de primavera, os muros, as ondas, em pranto, sorrindo, quinze anos antes, daqui a trinta anos. Tê-lo. Nem chega a ser desejo. Como uma borboleta, um peixe, o caule de uma planta, só que algo mais misterioso. Então me ocorreu que após tantas tentativas de nomear o mundo sou capaz apenas de repetir em círculo a mais alta, a única confissão, além da qual força nenhuma pode chegar: eu *sou* — ela *é*. Gritai, soprai as trombetas, reuni-vos em milhares de marchas, saltai, dilacerai vossas vestes repetindo somente isto: *é*! E para que tantas páginas escritas, toneladas, catedrais de páginas, se balbucio como se fosse o primeiro a me erguer do lodo à beira do oceano? De que serviram as civilizações do Sol, o pó vermelho das cidades a ruir, as armaduras e os motores na areia dos desertos, se nada acrescentaram a este som: *é*?

* Em latim, "ser". (N. T.)

Wysiadła na Raspail. Zostałem z ogromem rzeczy istniejących. Gąbka, która cierpi, bo nie może napełnić się wodą, rzeka, która cierpi, bo odbicia obłoków i drzew nie są obłokami i drzewami.

Brie-Comte-Robert, 1954

Ela desceu na Raspail. E eu fiquei, com a imensidão do que existe. Uma esponja que sofre, porque não pode se preencher de água; um rio que sofre, porque os reflexos das nuvens e das árvores não são as nuvens e as árvores.

Brie-Comte-Robert, 1954

O REI POPIEL E OUTROS POEMAS
KRÓL POPIEL I INNE WIERSZE

Król Popiel

Nie były to zapewne zbrodnie tak jak nasze.
Chodziło o czółna drążone w pniu lipy
I o bobrowe skórki. Władał nad moczarem,
Gdzie dudni łoś w księżycu kwaśnych szronów
I rysie idą wiosną na schnące ostrowy.

Jego częstokół, dworzyszcze i wieżę
Płetwami nocnych bogów zbudowaną
Widział za wodą z ukrycia myśliwiec,
Nie śmiejąc łukiem rozchylić gałęzi.
Aż jeden wrócił z wieścią. Wiatr pędził po toni
Chwiejnie, w sitowia, największą łódź, pustą.

Myszy zjadły Popiela. Koronę z diamentem
Dostał później. I jemu, odtąd zniknionemu,
Który miał w skarbcu trzy monety Gotów
I laski brązu, jemu, który odszedł,
Gdzie, nie wiadomo, z dziećmi, z kobietami,
Lądy i morza oddał Galileo,
Newton i Einstein. Aby długie wieki
Na swoim tronie nożem wygładzał sulicę.

Montgeron, 1958

O rei Popiel*

Decerto não eram crimes como os nossos.
Tratava-se de canoas talhadas no tronco da tília
E de peles de castor. Reinava sobre um pântano,
Onde se escuta o alce na lua de ácidas geadas
E na primavera linces buscam o chão seco em ilhotas.

Escondido, sem se atrever a afastar os galhos
Com seu arco, um caçador viu da beira d'água
A paliçada, a fortaleza e a torre
Construída pelas barbatanas de deuses noturnos.
Até que trouxeram a nova. O vento impelia nas profundezas,
Vacilante em meio ao junco, o maior barco, vazio.

Os ratos devoraram Popiel. A coroa de diamantes,
Só a recebeu mais tarde. E a ele, desde então desaparecido,
Que tinha em seu tesouro três moedas dos godos
E bastões de bronze, a ele, que partiu
Não se sabe para onde, com seus filhos, suas mulheres,
Foram devolvidas terras e mares por Galileu,
Newton e Einstein. Para que no trono, por longos
Séculos, ele aguce com uma faca sua zagaia.

Montgeron, 1958

* O lendário rei pré-histórico Popiel, em castigo por seus muitos crimes, foi devorado por ratos que o perseguiram até a torre para a qual havia fugido, em uma ilha no meio de um lago. (N. T.)

Oda do ptaka

O złożony.
O nieświadomy.
Trzymający za sobą dłonie pierzaste.
Wsparty na skokach z szarego jaszczura,
Na cybernetycznych rękawicach,
Które imają, czego dotkną.

O niewspółmierny.
O większy niż
Przepaść konwalii, oko szczypawki w trawie
Rude od obrotu zielono-fioletowych słońc,
Niż noc w galeriach z dwojgiem świateł mrówki
I galaktyka w jej ciele,
Zaiste, równa każdej innej.

Poza wolą, bez woli
Kołyszesz się na gałęzi nad jeziorami powietrza,
Gdzie pałace zatopione, wieże liści,
Tarasy do lądowań między lirą cienia.
Pochylasz się wezwany i rozważam chwilę,
Kiedy stopa zwalnia uchwyt, wyciąga się ramię.
Chwieje się miejsce, gdzie byłeś, ty w linie kryształu
Unosisz swoje ciepłe i bijące serce.

O niczemu niepodobny, obojętny
Na dźwięk pta, pteron, fvgls, brd.

Ode ao pássaro

Ó intrincado.
Ó inconsciente.
Que manténs às costas tuas palmas emplumadas.
Aprumado em teus pulinhos de lagarto cinza,
Em tuas luvas cibernéticas
Que se agarram no que tocam.

Ó incomensurável.
Ó maior que
As quedas do lírio-do-vale, que o olho da lacrainha na grama,
Rubro da rotação dos sóis verde-violetas;
Maior que a noite das galerias de formiga com suas duas
[luzinhas
E a galáxia em seu bojo
De fato, igual a qualquer outra.

Além da vontade, sem vontade
Balanças no galho sobre os lagos do ar,
Com seus palácios submersos, torres de folhas,
Terraços para pousares por entre a lira da sombra.
Inclinas ao chamado e perscruto o instante
Em que teu pé desaferra, o braço se estende.
O lugar onde estavas oscila, tu, em fios de cristal,
Levas o coração palpitante e quente.

Ó insemelhante a quanto seja, indiferente
Ao som pssr, pteron, fvgls, brd.

Poza nazwą, bez nazwy,
Ruch nienaganny w ogromnym bursztynie.
Abym pojął w biciu skrzydeł, co mnie dzieli
Od rzeczy, którym co dzień nadaję imiona,
I od mojej postaci pionowej,
Choć przedłuża siebie do zenitu.

Ale dziób twój półotwarty zawsze ze mną.
Jego wnętrze tak cielesne i miłosne,
Że na karku włos mi jeży drżenie
Pokrewieństwa i twojej ekstazy.
Wtedy czekam w sieni po południu,
Widzę usta koło lwów mosiężnych
I dotykam obnażonej ręki
Pod zapachem krynicy i dzwonów.

Montgeron, 1959

Além do nome, sem nome,
Movimento irretocável em vasto âmbar.
Que eu entendesse neste bater de asas o que me aparta
Das coisas que todo dia nomeio
E da minha figura vertical
Que no entanto se alonga até o zênite.

Mas teu bico entreaberto está sempre comigo.
Seu interior tão corpóreo e amoroso
Que me arrepia um cabelo na nuca o frêmito
Do nosso parentesco e do teu êxtase.
Então espero na entrada uma tarde,
Vejo a boca ao lado dos leões de latão
E toco o braço desnudo
Sob o aroma de uma fonte e de sinos.

Montgeron, 1959

GUCIO ENFEITIÇADO
GUCIO ZACZAROWANY

Była zima

Była zima, taka jak w tej dolinie.
Po ośmiu suchych miesiącach spadły deszcze
I góry koloru słomy zazieleniły się na krótko.
Także w jarach, gdzie łączy z granitem
Kamienne swoje korzenie szare drzewo laurowe,
Na pewno prąd znów zajął dawne łożyska.
Eukaliptusy pienił morski wiatr
I spod chmur, przełamanych kryształem budowli,
Kolczastymi światłami jarzyły się doki.

Nie jest to miejsce, gdzie na taflach piazza
Pod markizą kawiarni patrzy się na tłum
Ani gdzie gra się na flecie w oknie nad wąską ulicą,
Kiedy sandałki dzieci stukają w sklepionej sieni.

Usłyszeli o kraju obszernym i zupełnie pustym,
Odgrodzonym górami, więc szli, zostawiając krzyże
Z cierniowego drzewa i ślady ognisk.
Zdarzało się im zimować w śniegach przełęczy
I ciągnąć losy, i gotować kości towarzyszy.
Więc po tym gorąca dolina, gdzie można uprawiać indygo,
Wydała się im piękna, a dalej, w zwiniętych mgłach
Pełznących w pieczary brzegu, pracował ocean.

Era inverno

Era inverno, como ele é neste vale.
Após oito meses secos, caíram as chuvas
E as montanhas cor de palha verdejaram por algum tempo.
Nas ravinas, onde as raízes de pedra
Do cinzento loureiro se prendem no granito,
Decerto a correnteza tinha ocupado de novo o antigo leito.
O vento marinho agitava os eucaliptos
E sob as nuvens, rompidas pelo cristal dos edifícios,
Farpas de luz se eriçavam nas docas.

Este não é um lugar em que, no piso da *piazza*,
Sob o toldo de um café, se observa a multidão;
Em que se toca flauta na janela acima de uma rua estreita
Enquanto sandálias de crianças batem sob as abóbadas do
[vestíbulo.

Eles ouviram sobre um país imenso e ermo,
Cercado de montanhas, então partiram, deixando pelo
[caminho cruzes
De galhos de árvores espinhosas e restos de fogueiras.
Aconteceu de passarem o inverno na neve dos penhascos
E de tirarem a sorte e cozinharem os ossos de companheiros.
Depois disso, um vale quente, onde se podia cultivar o índigo,
Lhes pareceu belo e mais adiante, entre os novelos de névoa
Bordejando as grutas do litoral, a faina do oceano.

Śpij, a ułożą się w tobie przylądki i skały,
Rady wojenne nieruchomych zwierząt w pustkach,
Bazyliki jaszczurów, musująca biel.
Śpij na płaszczu, kiedy koń szczypie trawę,
A orzeł zdejmuje pomiary przepaści.

Budząc się, będziesz miał swoje cztery strony świata.
Zachód, pusta muszla z wody i powietrza.
Wschód, zawsze za tobą, niebyła pamięć ośnieżonej jodły.
I tylko, w przedłużeniu rozpostartych rąk,
Mosiężna trawa, północ i południe.

Jesteśmy biedni ludzie, doświadczeni.
Koczowaliśmy pod różnymi gwiazdami.
Gdzie można zaczerpnąć w kubek wody z mętnej rzeki
I ukroić podróżnym nożem kromkę chleba,
Tam jest miejsce, przyjęte, nie wybrane.
Pamiętaliśmy, że tam skąd jesteśmy, były ulice i domy,
Więc i tutaj musiały być domy, szyld siodlarza,
Galeryjka i krzesło. Ale głuche obszary,
Pod zmarszczoną skórą ziemi przechadzający się grom,
Przybój i patrol pelikanów niweczyły nas.
Jak odkopany w glinie grot przepadłych plemion
Żywiących się jaszczurkami i mąką z żołędzi
Była waza, przywieziona znad innego morza.

A tutaj idę ja, po wiecznej ziemi,
Malutki, podpierając się laseczką.

Dorme e se estenderão dentro de ti promontórios e rochas,
Conselhos de guerra de animais imóveis nos desertos,
Basílicas de répteis, uma fervilhante brancura.
Dorme em teu casaco, enquanto um cavalo mordisca a relva
E uma águia toma as medidas do abismo.

Ao despertar, eis teus quatro cantos do mundo.
O oeste, uma concha vazia, de água e ar.
O leste, sempre atrás de ti, memória irreal de um abeto
                                   [coberto de neve.
E de uma ponta à outra dos braços abertos
Só o latão da relva, o norte e o sul.

Somos pobres seres humanos, sofridos.
Acampamos sob diferentes estrelas.
Ali onde se pode encher uma caneca de água no rio turvo
E cortar uma fatia de pão com a faca trazida na viagem,
Ali é o lugar, aceito, não escolhido.
Lembrávamos que lá, de onde somos, havia ruas e casas,
Então também aqui devia haver casas, o letreiro da loja de selas,
Uma pequena varanda e uma cadeira. Mas as vastidões surdas,
O trovão avançando sob a enrugada pele da terra,
A arrebentação e a patrulha dos pelicanos nos reduziam a nada.
Como uma ponta de lança desencavada da argila, vestígio de
                                   [tribos desaparecidas
Que se alimentavam de lagartos e de farinha dos frutos
                                      [do carvalho,
Assim era o vaso vindo de um outro mar.

E aqui sigo eu, pela eterna terra,
Minúsculo, apoiado em uma bengala.

Mijam park wulkaniczny i leżę u źródła,
Nie wiedząc, jak wyrazić co zawsze i wszędzie:
Pod moimi piersiami i brzuchem ona, tak istniejąca,
Że za każdy jej kamyk jestem wdzięczny.
Przywieram do niej, mój puls czy jej słyszę?
A, niewidzialne, przesuwają się nade mną rąbki jedwabnych szat,
Ręce, gdziekolwiek były, dotykają mego ramienia.
Albo i drobny śmiech raz kiedyś, przy winie,
Nad lampionami w magnoliach, bo wielki mój dom.

Berkeley, 1964

Passo pelo parque vulcânico e me deito ao pé de uma fonte,
Sem saber como exprimir o que sempre e em toda parte:
Sob meu peito e meu ventre, ela, existindo tão plena
Que sou grato por cada seixo.
Me aferro ao chão, ouço o meu pulso ou o dela?
E deslizam sobre mim, invisíveis, orlas de vestes de seda,
Mãos, onde quer que tenham estado, tocam meu braço.
Ou um breve riso certa vez, há muito, junto ao vinho,
Sob lampiões nas magnólias, pois grande é a minha casa.

Berkeley, 1964

Ustawią tam ekrany

Ustawią tam ekrany i nasze życie
Będzie się ukazywać od początku do końca
Ze wszystkim, co zdołaliśmy zapomnieć, jak się zdawało, na zawsze,
I strojami epoki, które byłyby tylko śmieszne i żałosne,
Gdybyśmy nie my je nosili, nie znając innych.
Armaggedon mężczyzn i kobiet. Na próżno krzyczeć: ja ich kochałem,
Każde wydawało mi się dzieckiem łakomym i spragnionym pieszczot.
Lubiłem plaże, pływalnie i kliniki
Bo tam oni kość mojej kości, mięso mego mięsa.
Litowałem się nad nimi i sobą, ale to nie obroni.
Skończone jest słowo i myśl, przesunięcie szklanki,
Odwrócenie głowy, palce rozpinające suknię, błazeństwo,
Oszukańczy gest, kontemplacja obłoków,
Zabójstwo dla wygody: tylko to.
I cóż z tego, że odchodzą, dzwoniąc dzwoneczkami
U kostek, że wkraczają tak powoli w ogień,
Który zabrał ich i mnie? Gryź, jeżeli masz, palce
I znów oglądaj, co było, od początku do końca.

Berkeley, 1964

Telas vão ser colocadas lá

Telas vão ser colocadas lá e nossa vida
Será mostrada do começo ao fim,
Inclusive o que tínhamos conseguido esquecer, tudo indicava,
[para sempre,
Com as roupas de época que seriam apenas ridículas e
[lamentáveis,
Não fôssemos nós a usá-las, desconhecendo outras.
Um armagedom de homens e mulheres. Inútil gritar: eu os
[amei,
Cada qual me parecia uma criança gulosa, ávida de carinho.
Eu gostava de praias, piscinas e clínicas,
Toda a gente ali era sangue do meu sangue, carne da minha
[carne.
Tinha pena deles e de mim mesmo, mas isso não servirá como
[defesa.
Acabaram a palavra e o pensamento, o deslizar do copo,
O virar-se do rosto, os dedos desabotoando o vestido, a
[palhaçada,
O gesto enganador, a contemplação das nuvens,
O assassinato por conveniência: só isso.
Pois e daí que se vão, soando sininhos
Nos tornozelos, que adentram tão lentamente no fogo
Que abraçou a eles e a mim? Morda seus dedos, se restam,
E assista de novo como foi, do começo ao fim.

Berkeley, 1964

Dytyramb

Tak wiele widzieliśmy na ziemi, a malachitowe góry o zachodzie słońca spotykane są jak zawsze pieśnią i pokłonem.

Ten sam wiosenny taniec przyzywa, kiedy pod rumowiskiem bazaltowych skał stada ptaków nurkują w przezroczystych wodach zatoki.

I wydra morska błyska płetwiastą ręką, tarzając się w pianach koło Point Lobos.

A we mgle żarzy się czerwień azalii z dna parnych wąwozów.

Nic nie zostało dodane i nic nie zostało odjęte, niewzruszony, doskonały, nietykalny świecie.

Nie zachowała się pamięć o czymkolwiek, co na pewno byłoby nasze.

Melodia ustnej harmonijki, z daleka, z niepewnych lat, albo ścieżka, na którą przewróciliśmy się złączeni pocałunkiem.

Uśpiony len kołowrotków, w zasiekach jabłka i ziarno, brunatne tarcze na piersiach kuzynki Antolki.

Grzechotanie karabinów maszynowych na równinie porytej przeciwczołgowymi rowami pod rozdartą zasłoną pochmurnego świtu.

Ditirambo

Vimos tanto na terra e as montanhas de malaquita encontradas ao pôr do sol são como sempre canto e reverência.

É a mesma dança primaveril e seu chamado, quando rente aos destroços de rocha basáltica bandos de pássaros mergulham nas águas transparentes da baía.

E a lontra-marinha resplende com sua mão nadadeira, refestelando-se na espuma em Point Lobos.

E flameja na névoa o vermelho da azaleia, do fundo de abafados desfiladeiros.

Nada foi acrescentado e nada subtraído, imperturbável, perfeito, intocado mundo.

Não se conservou memória de coisa alguma que por certo fosse nossa.

A melodia de uma gaita, ao longe, de anos incertos, ou a trilha em que tropeçamos e caímos, unidos em um beijo.

O linho adormecido nas rocas, nos celeiros, maçãs e grão, os discos castanhos no peito da prima Antolka.

O estrépito das metralhadoras na planície sulcada pelas valas antitanque, sob o véu rasgado de um alvorecer entre nuvens.

Kto potwierdzi, kto powie: „moje" na daremny, daremny, z trudem przywołany sen?

Z chrzęstem renesansowych sukien idą nasze umarłe, oglądają się i kładą palec na usta.

Towarzysze w zbrojach zasiedli za szachownicą, ustawiwszy zamczyste hełmy obok.

A miłosna potęga, żywe złoto we krwi, unicestwia na wieki nasze puste imię.

Berkeley, 1965

Quem confirmará, quem dirá: "meu" ante o sonho fútil, fútil, a custo evocado?

Com suas vestes renascentistas farfalhando, nossas mortas passam, entreolham-se e põem o dedo em riste sobre a boca.

De armadura, companheiros debruçam-se sobre o tabuleiro de xadrez, cada qual ladeado por seu rijo elmo.

E um poder amoroso, um vívido ouro no sangue, aniquila pelos séculos nosso nome vão.

Berkeley, 1965

POEMAS DISPERSOS
WIERSZE ROZPROSZONE

Do Robinsona Jeffersa

Jeżeli nie czytałeś słowiańskich poetów
to i lepiej. Nie ma tam czego szukać
irlandzko-szkocki wędrowiec. Oni żyli w dzieciństwie
przedłużanym z wieku w wiek. Słońce dla nich było
rumianą twarzą rolnika, miesiąc patrzył zza chmury
i Droga Mleczna radowała jak wysadzany brzozami trakt.
Tęsknili do królestwa, które zawsze blisko,
zawsze tuż-tuż. Wtedy pod jabłonie
wejdą, rozchylając gałęzie, anioły w płótniankach
i ucztować przy białych kołchoźnych obrusach
będą serdeczność i tkliwość (czasem spadając pod stół).

A ty z grzechoczących od przyboju skał. Z wrzosowisk,
gdzie składając wojownika do grobu, łamano mu kości,
żeby nie nawiedzał żywych. Z morskiej nocy,
którą twoi przodkowie okryli się, milcząc.
Nad twoją głową żadnej twarzy, ni słońca ani księżyca,
tylko skurcz i rozkurcz galaktyk, niewzruszona
gwałtowność nowych początków, nowego zniszczenia.

Całe życie słuchający oceanu. Czarne dinozaury
brodzą, gdzie wznosi się i opada na fali purpurowy pas
fosforycznych łodyg, jak ze snu. I Agamemnon
żegluje po wrzącej toni do schodów pałacu,

Para Robinson Jeffers

Se você não leu os poetas eslavos,
tanto melhor. Não tem o que procurar ali
um peregrino irlandês-escocês. Eles viveram uma infância
estendida de século a século. O sol para eles era
o rosto corado do lavrador, a lua olhava do alto das nuvens
e a Via Láctea dava tanta alegria quanto uma estradinha
                              [ladeada de bétulas.
Ansiavam pelo reino sempre próximo,
sempre logo ali. Então, entreabrindo os galhos
das macieiras, surgirão anjos com vestes de aniagem
e, em toalhas de mesa de colcozes, haverá banquetes
de cordialidade e ternura (às vezes até debaixo da mesa).

E você, de rochedos chicoteados pela arrebentação. De
                                        [charnecas
onde o guerreiro, posto na sepultura, tinha os ossos quebrados
para que não visitasse os vivos. Da noite marítima
com que seus ancestrais se cobriam, em silêncio.
Sobre a sua cabeça nenhum rosto, nem do sol nem da lua,
apenas a contração e a expansão das galáxias, a impassível
violência de novos começos, nova destruição.

A vida toda à escuta do oceano. Negros dinossauros
avançam ali onde se eleva e baixa nas ondas um cinturão
                                        [púrpura
de caules fosforescentes, como em um sonho. E Agamemnon
navega por sobre as profundezas até a escadaria do palácio

żeby na marmur trysła jego krew. Aż ludzkość minie
i w ziemię, kamienną, czystą, będzie bił dalej ocean.

Wąskousty, niebieskooki, bez łaski i nadziei,
przed Bogiem Terribilis, ciałem świata.
Nie wysłuchuje modlitw nikt. Bazalt i granit,
nad nim drapieżny ptak. Jedyne piękno.

A mnie co do ciebie? Z drobnych steczek w sadach,
z nieuczonego chóru i jarzeń monstrancji,
z grządek ruty, pagórków nad rzekami, ksiąg,
w których gorliwy Litwin wieścił braterstwo, przychodzę.
O, te pociechy śmiertelnych, wierzenia daremne!

A jednak nie wiedziałeś, co wiem. Ziemia uczy
więcej niż nagość żywiołów. Nie daje się sobie
bezkarnie oczu boga. Tak mężny, w pustce,
składałeś ofiary demonom: był Wotan i Tor,
skrzek Erynii w powietrzu, przerażenie psów,
kiedy z orszakiem umarłych nadciąga Hekate.

Raczej wyrzeźbić słońca na spojeniach krzyża,
jak robili w moim powiecie. Brzozom i jedlinom
nadawać żeńskie imiona. Wzywać opieki
przeciwko niemej i przebiegłej sile,
niż tak jak ty oznajmiać nieczłowieczą rzecz.

1968

para que seu sangue jorre no mármore. Até que a humanidade
[passe
e o oceano continue a açoitar a terra, pétrea, límpida.

Boca estreita, olhos azuis, privado da graça e da esperança
diante de um *Deus Terribilis*, o corpo do mundo.
Não se ouvem preces. Basalto e granito,
sobre eles um pássaro de rapina. A única beleza.

E o que tenho a ver com você? De pequenas trilhas em
[pomares,
de um coral inculto e das irradiações de um ostensório,
de canteiros de arruda, colinas à beira dos rios, dos livros
de um lituano fervoroso que anunciava a fraternidade, eu
[venho.
Ó essas consolações dos mortais, crenças inúteis!

E, no entanto, você não sabia o que eu sei. A terra ensina
mais que a nudez dos elementos. Ninguém dá a si mesmo,
impunemente, os olhos de um deus. Tão viril, no vazio,
você fez oferendas a demônios: estavam lá Wotan e Thor,
o grasnido das Erínias pelo ar, o pavor dos cães
quando Hécate se avizinha com o séquito dos mortos.

Antes esculpir um sol nas juntas da cruz,
como faziam em meu distrito. Dar a bétulas e abetos
nomes femininos. Invocar proteção
contra uma força muda e astuta
do que, como você, proclamar uma coisa não humana.

1968

CIDADE SEM NOME
MIASTO BEZ IMIENIA

Moja wierna mowo

Moja wierna mowo,
służyłem tobie.
Co noc stawiałem przed tobą miseczki z kolorami,
żebyś miała i brzozę, i konika polnego, i gila
zachowanych w mojej pamięci.

Trwało to dużo lat.
Byłaś moją ojczyzną, bo zabrakło innej.
Myślałem że będziesz także pośredniczką
pomiędzy mną i dobrymi ludźmi,
choćby ich było dwudziestu, dziesięciu
albo nie urodzili się jeszcze.

Teraz przyznaję się do zwątpienia.
Są chwile, kiedy wydaje się, że zmarnowałem życie.
Bo ty jesteś mową upodlonych,
mową nierozumnych i nienawidzących
siebie bardziej może niż innych narodów,
mową konfidentów,
mową pomieszanych,
chorych na własną niewinność.

Ale bez ciebie kim jestem.
Tylko szklarzem gdzieś w odległym kraju,
a success, bez lęku i poniżeń.
No tak, kim jestem bez ciebie.
Filozofem takim jak każdy.

Minha fiel língua

Minha fiel língua,
Eu servi a você.
Toda noite eu punha na sua frente tigelinhas com tintas,
para que você tivesse a bétula e a cigarra e o dom-fafe
guardados na minha memória.

Isso durou muitos anos.
Você era a minha pátria, porque faltou outra.
Achei que você seria também uma intermediária
entre mim e as pessoas boas,
mesmo que fossem vinte, dez
ou que não tivessem nascido ainda.

Agora admito minhas dúvidas.
Há momentos em que parece que desperdicei a vida.
Porque você é uma língua de gente aviltada,
de gente insensata e que odeia
a si mesma talvez mais do que a outras nações,
uma língua de alcaguetes,
uma língua de aturdidos,
enfermos da própria inocência.

Mas sem você quem eu sou.
Apenas um acadêmico em um país distante,
a success, sem medo e humilhações.
Sim, quem sou eu sem você.
Um filósofo como qualquer outro.

Rozumiem, to ma być moje wychowanie:
gloria indywidualności odjęta,
Grzesznikowi z moralitetu
czerwony dywan podściela Wielki Chwał,
a w tym samym czasie latarnia magiczna
rzuca na płótno obrazy ludzkiej i boskiej udręki.

Moja wierna mowo,
może to jednak ja muszę ciebie ratować.
Więc będę dalej stawiać przed tobą miseczki z kolorami
jasnymi i czystymi, jeżeli to możliwe,
bo w nieszczęściu potrzebny jakiś ład czy piękno.

Berkeley, 1968

Eu entendo, isso deve ser um aprendizado:
a glória da individualidade subtraída,
diante do Pecador da moralidade
o Grande Renome estende um tapete vermelho
e ao mesmo tempo uma lanterna mágica projeta
no pano de fundo imagens do tormento humano e divino.

Minha fiel língua,
quem sabe entretanto eu deva salvar você.
Vou então continuar a pôr na sua frente tigelinhas com tintas
claras e puras, se possível,
pois no infortúnio é necessária alguma ordem ou beleza.

Berkeley, 1968

Twój głos

Przeklinaj śmierć. Niesprawiedliwie jest nam wyznaczona.
Błagaj bogów, niech dadzą łatwe umieranie.
Kim jesteś, te trochę ambicji, pożądliwości i marzeń
nie zasługuje na kąre przydługiej agonii.
Nie wiem tylko, co możesz zrobić, sam, ze śmiercią innych,
dzieci oblanych ogniem, kobiet rażonych śrutem, oślepłych żołnierzy,
która trwa wiele dni, teraz, tu, obok ciebie.
Bezdomma twoja litość, nieme twoje słowo,
i boisz się wyroku za to, że nic nie mogłeś.

Berkeley, 1968

Tua voz

Amaldiçoa a morte. É determinada a nós injustamente.
Implora aos deuses que morrer seja fácil.
Quem és, esse punhado de ambições, avidez e sonhos,
não merece o castigo de uma agonia lenta.
Só não sei o que podes fazer, sozinho, quanto à morte dos
[outros,
crianças nas chamas, mulheres sob disparos, soldados privados
[da visão,
essas mortes durando muitos dias, agora, aqui, a teu lado.
Tua piedade não tem casa, tua palavra é muda
e temes a sentença, porque nada pudeste.

Berkeley, 1968

ONDE O SOL NASCE E AONDE SE VAI
GDZIE WSCHODZI SŁOŃCE I KĘDY ZAPADA

Elegia dla N. N.

Powiedz, czy to dla ciebie za daleko.
Mogłabyś biec tuż nad małą falą Bałtyckiego Morza
I za polem Danii, za bukowym lasem,
Skręcić na ocean, a tam już niedługo
Labrador, biały o tej porze roku.
A jeżeli ciebie, co marzyłaś o wyspie samotnej,
Straszą miasta i migot światełek na szosach,
Miałaś drogę samym środkiem leśnej głuszy,
Nad sinizną odtajałych wód ze śladem łosia i karibu,
Aż do Sierras, opuszczonych kopalń złota.
Zaprowadziłaby ciebie rzeka Sacramento
Między pagórki porosłe kolczastą dębiną.
Jeszcze gaj eukaliptusów i trafiłabyś do mnie.

To prawda, kiedy kwitnie manzanita,
A zatoka jest niebieska w wiosenne poranki,
Myślę niechętnie o domu między jeziorami
I o niewodach ciągnionych pod litewskim niebem.
Budka kąpielowa, gdzie składałaś suknię,
Zmieniła się na zawsze w abstrakcyjny kryształ.
Jest tam ciemność miodowa koło werandy
I śmieszne małe sowy, i zapach rzemiani.

Jak można było wtedy żyć, sam nie wiem.
Style i stroje wibrują, niewyraźne,
Niesamoistne, zmierzające do finału.
Cóż z tego, że tęsknimy do rzeczy samych w sobie.

Elegia para N. N.

Diga se acha que é distante demais.
Você poderia vir pelas mansas ondas do Báltico
E depois dos campos da Dinamarca, e de um bosque de faias,
Seguiria rumo ao oceano, dali pouco faltando
Para Labrador, todo branco nessa época do ano.
E se a você que sonhava com uma ilha solitária
Fazem medo cidades e faróis lampejando nas estradas,
Há um caminho em meio ao sossego das florestas
Pelo azul roxeado das águas do degelo, entre rastros de alce e
                                              [caribu,
Até Sierras, minas de ouro abandonadas.
Você seria levada pelo rio Sacramento
Através de colinas cobertas de carvalhos espinhosos.
Então só uns poucos eucaliptos e teria chegado.

É verdade, quando a manzanita floresce
E se vê a baía nas manhãs de primavera
Eu penso a contragosto na casa entre os lagos
E nas redes de pesca puxadas sob o céu lituano.
A barraca em que você deixava o vestido antes do mergulho
Transformou-se para sempre em um cristal abstrato.
Resta ali uma penumbra de mel perto da varanda
E corujinhas engraçadas e cheiro de couro.

Como era possível viver então, eu não sei.
Estilos e roupas bruxuleiam, indistintos,
Inautônomos, acercando-se do fim.
E daí que ansiamos pelas coisas em si mesmas.

Wiedza mijającego czasu osmaliła konie przed kuźnią
I kolumienki na rynku miasteczka,
I schodki, i perukę mamy Fliegeltaub.

Uczyliśmy się, sama wiesz, tak wiele.
Jak zostaje kolejno odjęte,
Co odjęte być nie mogło, ludzie, okolice.
A serce nie umiera, kiedy, zdawałoby się, powinno,
Uśmiechamy się, jest herbata i chleb na stole.
I tylko wyrzut sumienia, że nie kochaliśmy jak należy
Biednego popiołu w Sachsenhausen
Miłością absolutną nad miarę człowieka.

Przyzwyczaiłaś się do nowych, mokrych, zim,
Do willi, gdzie krew niemieckiego właściciela
Zmyto ze ściany i nie wrócił nigdy.
Ja też wziąłem tylko co można, i miasta, i kraje.
Nie wstępuje się dwa razy w to samo jezioro
Po dnie wysłanym olchowymi liśćmi,
Łamiąc jedną wąską pręgę słońca.

Winy twoje i moje? Nieduże winy.
Sekrety twoje i moje? Drobne sekrety.
Kiedy podwiązują chustką szczękę, w palce wkładają krzyżyk
I gdzieś tam szczeka pies, i błyszczy gwiazda.

Nie, to nie dlatego że daleko
Nie odwiedziłaś mnie tamtego dnia czy nocy.
Z roku na rok w nas dojrzewa, aż ogarnie,
Tak jak ty ją zrozumiałem: obojętność.

Berkeley, 1962

O saber do tempo fugaz deitou sua chama nos cavalos diante
[da ferraria
E nas magras colunas do mercado da cidadezinha,
Nas escadas e na peruca da mama Fliegeltaub.

Aprendemos tanto, você sabe, tanto.
Como aos poucos o que não se poderia tirar de nós
É tirado, pessoas, arredores.
E o coração não falece quando se pensa que deveria,
Sorrimos, há pão e chá sobre a mesa.
E só remorso por não termos amado
Aquelas pobres cinzas em Sachsenhausen
Com um amor absoluto, para além da medida humana.

Você se acostumou a novos invernos, úmidos,
A uma casa de cujas paredes foi lavado o sangue
Do proprietário alemão e aonde ele nunca voltou.
Eu também levei apenas o que era possível, cidades e países,
Não se entra duas vezes no mesmo lago
Pisando o fundo recoberto de folhas de amieiro
Rompendo um estreito fio de sol.

Culpas suas e minhas? Não grandes culpas.
Segredos seus e meus? Pequenos segredos.
A mandíbula presa com um lenço, nos dedos uma cruz
E mais além um cão late e brilham as estrelas.

Não, não foi por causa da distância
Que você não me visitou aquele dia ou noite.
De ano a ano ela cresce até tomar conta de nós,
Assim como você, eu entendi: indiferença.

Berkeley, 1962

O aniołach

Odjęto wam szaty białe,
Skrzydła i nawet istnienie,
Ja jednak wierzę wam,
Wysłańcy.

Tam gdzie na lewą stronę odwrócony świat,
Ciężka tkanina haftowana w gwiazdy i zwierzęta,
Spacerujecie, oglądając prawdomówne ściegi.

Krótki wasz postój tutaj,
Chyba o czasie jutrzennym, jeżeli niebo jest czyste,
W melodii powtarzanej przez ptaka
Albo w zapachu jabłek pod wieczór,
Kiedy światło zaczaruje sady.

Mówią, że ktoś was wymyślił,
Ale nie przekonuje mnie to.
Bo ludzie wymyślili także samych siebie.

Głos — ten jest chyba dowodem,
Bo przynależy do istot niewątpliwie jasnych,
Lekkich, skrzydlatych (dlaczegóż by nie),
Przepasanych błyskawicą.

Sobre os anjos

Tiraram suas vestes brancas,
Suas asas e até sua existência,
Eu, no entanto, acredito em vocês,
Emissários.

Ali onde se desdobra o avesso do mundo,
Tecido grosso bordado de estrelas e de bichos,
Vocês passeiam, observando o feitio veraz dos pontos da
[costura.

É breve sua visita aqui,
No alvorecer, talvez, se o céu está limpo,
Na melodia repetida pelo pássaro
Ou no cheiro das maçãs ao cair da noite,
Quando a luz enfeitiça os pomares.

Dizem que alguém inventou vocês,
Mas isso não me convence.
Porque as pessoas também inventaram a si mesmas.

A voz — essa é talvez uma prova,
Pois pertence a seres indubitavelmente claros,
Leves, alados (mas por que não?),
Cingidos de relâmpago.

Słyszałem ten głos nieraz we śnie
I, co dziwniejsze, rozumiałem mniej więcej
Nakaz albo wezwanie w nadziemskim języku:

zaraz dzień
jeszcze jeden
zrób co możesz.

październik 1969

Ouvi essa voz muitas vezes no sono
E, o que é mais estranho, eu entendia mais ou menos
A ordem ou apelo em uma língua de além da terra:

já, já, é dia
mais um
faça quanto possa

outubro de 1969

HINO SOBRE A PÉROLA
HYMN O PERLE

Czarodziejska góra

Nie pamiętam dokładnie, kiedy umarł Budberg, albo dwa, albo trzy
[lata temu.
Ani kiedy Chen. Rok temu czy dawniej.
Wkrótce po naszym przyjeździe Budberg, melancholijnie łagodny,
Powiedział, że z początku trudno się przyzwyczaić,
Bo nie ma tutaj ni wiosny i lata, ni jesieni i zimy.

„— Śnił mi się ciągle śnieg i brzozowe lasy.
Gdzie prawie nie ma pór roku, ani spostrzec, jak upływa czas.
To jest, zobaczy Pan, czarodziejska góra".

Budberg: w dzieciństwie domowe nazwisko.
Dużo znaczyła w kiejdańskim powiecie
Ta rosyjska rodzina, z bałtyckich Niemców.
Nie czytałem żadnej z jego prac, zanadto specjalne.
A Chen był podobno znakomitym poetą.
Muszę to przyjąć na wiarę, bo pisał tylko po chińsku.

*

A montanha mágica

Não lembro exatamente quando Budberg morreu, dois ou três
[anos atrás.
Nem Chen.* Um ano atrás ou há mais tempo.
Logo após nossa chegada, com melancólica delicadeza, Budberg
Disse que no começo é difícil se habituar
Porque não existem aqui primavera e verão, nem outono e
[inverno.

"— Eu sonhava o tempo todo com neve e bosques de bétulas.
Onde quase não existem estações do ano, nem se percebe o
[passar do tempo.
O senhor verá, isso é uma montanha mágica."

Budberg: um nome de casa na infância.
Significava muito no distrito de Kiejdany
Essa família russa de alemães do Báltico.
Não li nenhuma das obras dele, muito especializadas.
E Chen, ao que parece, foi um excelente poeta.
Preciso dar um voto de confiança, porque só escreveu em
[chinês.

*

* Piotr Alekséievitch Budberg (Peter Alexis Boodberg; 1903-72) e Shih-Hsiang
Chen (1912-71) foram colegas de Czesław Miłosz na Universidade da Califórnia,
em Berkeley. (N. T.)

Upalny październik, chłodny lipiec, w lutym kwitną drzewa.
Godowe loty kolibrów nie zwiastują wiosny.
Tylko wierny klon zrzucał co roku liście bez potrzeby,
Bo tak nauczyli się jego przodkowie.

*

Czułem, że Budberg ma rację, i buntowałem się.
Więc nie dostanę potęgi, nie uratuję świata?
I sława mnie ominie, ni tiary, ani korony?
Czyż na to ćwiczyłem siebie, Jedynego,
Żeby układać strofy dla mew i mgieł od morza,
Słuchać, jak buczą tam nisko okrętowe syreny?

Aż minęło. Co minęło? Życie.
Teraz nie wstydzę się mojej przegranej.
Jedna pochmurna wyspa ze szczekaniem fok
Albo sprażona pustynia, i tego nam dosyć,
Żeby powiedzieć yes, tak, si.
„Nawet śpiąc, pracujemy nad stawaniem się świata".
Tylko z wytrwałości bierze się wytrwałość.
Gestami stwarzałem niewidzialny sznur.
I wspinałem się po nim, i trzymał mnie.

*

Jaka procesja! Quelles délices!
Jakie birety i z wyłogami togi!

O outono tórrido, julho frio, em fevereiro, árvores em flor.
Os voos de núpcias dos colibris não anunciam a primavera.
Só o fiel bordo, sem necessidade, todo ano soltava as folhas,
Porque assim aprenderam seus ancestrais.

*

Eu sentia que Budberg tinha razão e me revoltava.
Então não me será dado poder, eu não salvarei o mundo?
A fama passará ao largo, nem tiara, nem coroa?
Para isso me exercitei, o Único,
Para compor estrofes para as gaivotas e a névoa do mar,
Para ouvir o zunido das sirenes dos navios lá embaixo?

Até que passou. Passou o quê? A vida.
Agora não tenho vergonha da derrota.
Uma ilha nublada e focas com seu latido
Ou um deserto em brasa e isso é o bastante
Para dizermos *yes, tak, si.*
"Mesmo dormindo, trabalhamos para o porvir do mundo".
Só da perseverança vem a perseverança.
Criei com meus gestos uma corda invisível.
E fui subindo por ela, e ela me sustentou.

*

Que procissão! *Quelles délices*!
Que barretes e togas com seus debruns!

Mnogouważajemyj Professor Budberg,
Most Distinguished Professor Chen,
Ciemno Wielmożny Profesor Milosz,
Który pisywał wiersze w bliżej nieznanym języku.
Kto ich tam zresztą policzy. A tu słońce.
Tak, że bieleje płomień ich wysokich świec
I ileż pokoleń kolibrów im towarzyszy,
Kiedy tak posuwają się. Po czarodziejskiej górze.
I zimna mgła od morza znaczy, że znów lipiec.

1975

Mnagauvajáiemui Professor* Budberg,
Most Distinguished Professor Chen,
Nada ilustríssimo Professor Milosz,
Que escrevia versos em alguma língua desconhecida.
Quem vai contá-los, aliás. E brilha o sol.
Tanto, que a chama das altas velas empalidece
E quantas gerações de colibris lhes fazem companhia
Enquanto avançam. Pela montanha mágica.
E a névoa fria do mar é sinal de que chegou julho.

1975

---

* Em russo (transliteração de многоуважаемый) e em inglês no original: estima-
do professor. (N. T.)

Rue Descartes

Mijając ulicę Descartes,
Schodziłem ku Sekwanie, młody barbarzyńca w podróży
Onieśmielony przybyciem do stolicy świata.

Było nas wielu, z Jass i Koloszwaru, Wilna i Bukaresztu, Sajgonu i
[Marakesz,
Wstydliwie pamiętających domowe zwyczaje,
O których nie należało mówić tu nikomu:
Klaśnięcie na służbę, nadbiegają dziewki bose,
Dzielenie pokarmów z inkantacjami,
Chóralne modły odprawiane przez panów i czeladź.

Zostawiłem za sobą pochmurne powiaty.
Wkraczałem w uniwersalne, podziwiając, pragnąc.

Następnie wielu z Jass i Koloszwaru, albo Sajgonu, albo Marakesz
Było zabijanych, ponieważ chcieli obalić domowe zwyczaje.

Następnie ich koledzy zdobywali władzę,
Żeby zabijać w imię pięknych idei uniwersalnych.

Tymczasem zgodnie ze swoją naturą zachowywało się miasto,
Gardłowym śmiechem odzywając się w ciemności,
Wypiekając długie chleby i w gliniane dzbanki nalewając wino,
Ryby, cytryny i czosnek kupując na targach,

Rue Descartes

Passando pela Rue Descartes
Eu descia rumo ao Sena, jovem bárbaro em viagem
Intimidado ao chegar à capital do mundo.

Éramos muitos, de Iássy e Kolóchvar, Vilnius e Bucareste,
                        [Saigon e Marrakech,
Envergonhados à lembrança dos costumes de casa,
De que não convinha falar aqui a ninguém:
O bater de palmas chamando a criadagem, moças descalças
                                [acudindo,
A partilha da comida entre encantamentos,
O coro das preces entoadas por senhores e servos.

Deixei para trás os rincões nebulosos.
Adentrei o universal, admirando, desejando.

Em seguida, muitos de Iássy e Kolóchvar, ou de Saigon ou
                               [Marrakech
Foram mortos, pois quiseram abolir os costumes de casa.

Em seguida, seus colegas conquistaram o poder
Para matar em nome de belas ideias universais.

Entretanto, conforme sua natureza, a cidade persistia,
Reverberando um riso gutural na escuridão,
Assando longos pães e vertendo vinho em cântaros de barro,
Comprando peixe, limão e alho nas feiras,

Obojętne na honor i hańbę, i wielkość, i chwałę,
Ponieważ to wszystko już było i zmieniło się
W pomniki przedstawiające nie wiadomo kogo,
W ledwo słyszalne arie albo zwroty mowy.

Znowu opieram łokcie o szorstki granit nabrzeża,
Jakbym wrócił z wędrówki po krajach podziemnych
I nagle zobaczył w świetle kręcące się koło sezonów,
Tam gdzie upadły imperia, a ci, co żyli, umarli.
I nie ma już tu i nigdzie stolicy świata.
I wszystkim obalonym zwyczajom wrócono ich dobre imię.
I już wiem, że czas ludzkich pokoleń niepodobny do czasu Ziemi.

A z ciężkich moich grzechów jeden najlepiej pamiętam:
Jak przechodząc raz leśną ścieżką nad potokiem,
Zrzuciłem duży kamień na wodnego węża zwiniętego w trawie.

I co mnie w życiu spotkało, było słuszną karą,
Która prędzej czy później łamiącego zakaz dosięgnie.

Indiferente à honra e à infâmia e à grandeza e à glória,
Porque tudo isso já houve e tudo se transformou
Em monumentos a representar não se sabe quem,
Em árias e torneios de frase que mal se escutam.

De novo apoio os cotovelos no granito áspero da murada,
Como se retornasse de uma jornada por reinos subterrâneos
E de súbito enxergasse na luz a roda movente das estações
Ali onde impérios caíram e os que viviam pereceram.
E já não há aqui nem em parte alguma capital do mundo.
E a todos os costumes abolidos se restituiu o bom nome.
E já sei que o tempo das gerações humanas não se assemelha
[ao tempo da Terra.

E de meus graves pecados um, sobretudo, guardo na lembrança:
Como certa vez, passando por uma trilha no bosque junto de
[um riacho,
Esmaguei com um pedregulho uma cobra-d'água enrodilhada
[na relva.

E o que veio de encontro a mim na vida foi o justo castigo
Que cedo ou tarde alcança o infrator de cada interdito.

TERRA INABARCADA
NIEOBJĘTA ZIEMIA

Od autora

Przyjął się wśród poetów zwyczaj zbierania wierszy napisanych w ciągu kilku lat i układania z nich tomu pod jakimś wspólnym tytułem. Zwyczaj ten, jeżeli się chwilę zastanowić, trwa mocą odziedziczonych przyzwyczajeń, ale nie ma w sobie nic oczywistego. Bo przecie dany sługa Muz był w tym okresie zajęty nie tylko tworzeniem idealnych przedmiotów, jakie otrzymują nazwę poezji. Żył wśród ludzi, czuł, myślał, zapoznawał się z myślami innych i próbował uchwycić otaczający go świat jakimikolwiek środkami, także przy pomocy wierszy, ale nie tylko. We wszystkim, co wtedy pisał, dałoby się odgadnąć tę samą dążność i tę samą tonację, jako że nasze życie składa się z kolejnych odnowień-wcieleń i każde wcielenie ma swoją tonację. Dlaczego więc rozdzielać to, co zostało połączone równoczesnością w czasie, dla mnie na przykład datami 1981-1984? Czemu nie zawrzeć w jednej książce sentencji zakreślonych przy lekture różnych pisarzy, dlatego że uderzyły nas jako trafne, własnych wierszy, przekładów z innych poetów, zapisów prozą, a nawet listów od przyjaciół, jeżeli dotyczyły niepokojących nas pytań? Tak właśnie w książce, którą tutaj prezentuję, postąpiłem, szukając, jak kiedyś nazwałem, „formy bardziej pojemnej". I mam nadzieję, że pod powierzchnią nieco dziwacznej różnorodności czytelnik rozpozna prawdziwą jedność.

Do autor

Generalizou-se entre os poetas o costume de coligir versos escritos no decurso de alguns anos e de compor com eles um volume sob determinado título de conjunto. Esse costume perdura — se refletirmos um momento — por força dos hábitos herdados, mas nada tem em si de evidente. Pois, afinal, qualquer servo das Musas esteve ocupado nesse período não apenas com a criação de objetos ideais que recebem o nome de poesia. Ele viveu entre as pessoas, sentiu, pensou, tomou conhecimento do que outros pensaram e tentou apreender o mundo que o rodeia por todos os meios, também com a ajuda de poemas, porém não só. Em tudo que foi escrevendo então seria possível adivinhar a mesma aspiração e o mesmo tom, pois nossa vida compõe-se de sucessivas renovações-encarnações, e cada encarnação tem seu tom. Por que nesse caso dividir o que foi reunido pela simultaneidade no tempo, para mim, por exemplo, pelas datas de 1981-84? Por que não incluir em um único livro sentenças traçadas durante a leitura de diferentes escritores e que nos pareceram certeiras, poemas próprios, traduções de outros poetas, anotações em prosa e até cartas de amigos, se abordaram questões que nos inquietam? Assim justamente procedi no livro que aqui apresento, buscando, segundo os termos que empreguei certa vez, "uma forma mais ampla". E tenho esperança de que, sob a superfície de uma diversidade algo bizarra, o leitor reconhecerá a verdadeira unidade.

Epigrafy

Jeżeli tedy nie uczynisz się równy Bogu, nie zdołasz pojąć Boga. Gdyż podobne jest poznawane przez podobne. Wyrwij się z tego, co cielesne, i urośnij na miarę tego ogromu, który jest bez miary. Wznieś się ponad wszelki czas i stań się wieczny, wtedy pojmiesz Boga. Pomyśl, że także dla ciebie nie ma niemożliwości. Zważ, że ty także jesteś nieśmiertelny i że jesteś zdolny objąć wszystkie rzeczy myślą, poznać wszelką umiejętność i wszelką naukę. Znajdź swój dom w legowisku wszelkiego żywego stworzenia. Bądź wyższy niż wszelka wysokość i niższy niż wszelkie głębiny. Zbierz w sobie wszystkie sprzeczne właściwości, chłód i gorąco, suchość i płynność. Myśl, że jesteś równocześnie wszędzie, na lądzie, na morzu, w niebie. Myśl, że jeszcze nie zostałeś poczęty, że jesteś jeszcze w łonie matki, że jesteś młody, że jesteś stary, że umarłeś, że jesteś w świecie pozagrobowym. Obejmij myślą to wszystko równocześnie, wszystkie czasy i miejsca, wszystkie substancje i cechy, i wielkości razem. Wtedy będziesz mógł pojąć Boga. Ale jeżeli zamkniesz swoją duszę w ciele i będziesz siebie poniżać, mówiąc: Nic nie wiem, nic nie mogę, boję się ziemi i morza, nie mogę wznieść się do nieba, nie wiem, czym byłem ani czym będę — wtedy co masz z Bogiem wspólnego?

Corpus Hermeticum, *Ks. XI (Epoka hellenistyczna)*

Epígrafes

Se portanto não te fizeres igual a Deus, não chegarás a compreender Deus. Pois o semelhante conhece o semelhante. Livra-te do que é corpóreo e cresce na medida da imensidão que é sem medida. Ergue-te acima de todo tempo e torna-te eterno, então compreenderás Deus. Pensa que também para ti não há impossibilidade. Considera que tu também és imortal e que és capaz de abarcar todas as coisas com o pensamento, de conhecer toda habilidade e ciência. Encontra tua casa na toca de toda criatura vivente. Sê mais alto que toda altura e mais fundo que toda profundeza. Recolhe em ti todas as propriedades opostas, o frio e o calor, o seco e o líquido. Pensa que estás simultaneamente em toda parte, na terra, no mar, no céu. Pensa que ainda não foste concebido, que ainda estás no ventre da tua mãe, que és jovem, que és velho, que morreste, que estás no além-túmulo. Abarca tudo isso com o pensamento simultaneamente, todos os tempos e lugares, todas as substâncias e particularidades e grandezas em conjunto. Então poderás compreender Deus. Mas se encerrares tua alma no corpo e te aviltares dizendo: Nada sei, nada posso, temo a terra e o mar, não posso me erguer no céu, não sei quem fui nem quem serei — então, o que tens em comum com Deus?

Corpus Hermeticum, Livro XI (Época helenística)

Nie ma i nie może być nic droższego dla jakiejkolwiek rozumnej istoty niż życie… Śmierć to dziwadło, odrywające widza od wielkiej sceny, zanim skończy się sztuka, która go nieskończenie interesuje.

Casanova, Pamiętniki, *cyt. Muratow*, Obrazy Italii

Não há e nem pode haver nada mais caro a qualquer criatura racional do que a vida... A morte é uma extravagância que aparta o espectador do grande palco, antes de terminada a peça que lhe desperta um infinito interesse.

Casanova, *Memórias*, apud Murátov, *Imagens da Itália*

Annalena

> Zdarzało mi się niekiedy całować w lustrach odbicie mojej twarzy; ponieważ pieściły ją ręce, usta i łzy Annaleny, twarz moja wydawała mi się bosko piękna i jakby prześwietlona niebiańską słodyczą.
>
> *L'Amoureuse Initiation*, O. Miłosz

Lubiłem twoją aksamitną yoni, Annalena, długie podróże w delcie twoich nóg.

Dążenie w górę rzeki do twego bijącego serca przez coraz dziksze prądy sycone światłem chmielu i czarnych powojów.

I naszą gwałtowność, i triumfalny śmiech, i pośpieszne ubieranie się w środku nocy, żeby iść kamiennymi schodami górnego miasta.

Oddech wstrzymany z podziwu i ciszy, porowatość zużytych głazów i portal katedry.

Za furtką do plebanii ułamki cegieł i chwasty, w ciemności dotyk szorstkich oskarpowań muru.

Annalena

Acontecia às vezes de eu beijar nos espelhos o reflexo do meu rosto; como o acarinhavam as mãos, os lábios e as lágrimas de Annalena, ele me parecia divinamente belo e como que iluminado por uma celeste doçura.

L'amoureuse initiation, *O. V. de L.-Milosz*

Eu adorava tua veludosa yoni, Annalena, as longas viagens no delta das tuas pernas.

Subir o rio rumo a teu coração palpitante, por correntezas cada vez mais selvagens, impregnadas de uma luz de lúpulo e negras convolvuláceas.

E nosso arrebatamento, e o riso triunfante, e as roupas vestidas às pressas em meio à noite, para seguir pelas escadas de pedra da cidade alta.

A respiração presa de admiração e silêncio, a porosidade das rochas desgastadas e o portal da catedral.

Transpondo a portinhola para a casa paroquial, pedaços de tijolo e ervas daninhas; na escuridão, o toque áspero dos contrafortes do muro.

I później patrzenie z mostu w dół na sady, kiedy pod księżycem każde drzewo osobne na swoim klęczniku, a z tajemnego wnętrza przyćmionych topoli stuka echo wodnej turbiny.

Komu opowiadamy, co zdarzyło się nam na ziemi, dla kogo ustawiamy wszędzie wielkie lustra w nadziei, że napełnią się i tak zostanie?

Zawsze niepewni, czy to byliśmy ja i ty, Annalena, czy kochankowie bez imion na tabliczkach z baśniowej emalii.

1967

E depois olhar da ponte, lá embaixo, os pomares, quando sob
a lua cada árvore se inclina em seu genuflexório e, no recôn-
dito interior dos choupos entre as sombras, ecoa o rumor da
turbina d'água.

A quem contamos o que nos aconteceu na terra, Annalena,
para quem deixamos em toda parte grandes espelhos, na espe-
rança de que se preencham e assim isso permaneça?

Sempre incertos se fomos eu e tu, Annalena, ou amantes sem
nome das fábulas das plaquinhas esmaltadas.

1967

Epigrafy

Rytm jest najwyższym wyrazem tego, co nazywamy myślą, czyli konstatacją i miłością Ruchu.

O. Miłosz

A może sztuka, dla nas, kłamców, jest środkiem wyrażania w sposób okólny najbardziej nieodpartych prawd?

O. Miłosz

Epígrafes

O Ritmo é a expressão mais alta do que chamamos de pensar, ou seja, constatação e amor do Movimento.

O. V. de L.-Milosz

E quem sabe a arte, para nós, mentirosos, seja um meio de exprimir de modo oblíquo as mais irrefutáveis verdades?

O. V. de L.-Milosz

Poznanie dobra i zła

Poznanie dobra i zła jest nam dane w samym biegu krwi.
W tuleniu się dziecka do matki, bo w niej bezpieczeństwo i ciepło.
W strachach nocnych, kiedy byliśmy mali, w lęku przed kłami
                                        [zwierząt i ciemnym pokojem,
W młodzieńczych zakochaniach, kiedy spełnia się dziecinna lubość.

I czyż tak skromne początki obrócimy przeciwko idei?
Czy raczej powiemy, że dobro jest po stronie żywych,
A zło po stronie zagłady, która czyha, żeby nas pożreć?
Tak, dobro jest spokrewnione z bytem, a lustrem zła jest niebyt.
I dobro jest jasność, zło ciemność, dobro jest wysokość, zło niskość
Wedle przyrody ciał naszych, naszego języka.

Podobnie z pięknem. Istnieć nie ma prawa.
Nie tylko żadnej w nim racji, ale argument przeciw.
A jednak jest niewątpliwie i różni się od brzydoty.

Ten wrzask ptaków za oknem, kiedy witają ranek,
I na podłodze jarzą się pręgi, tęczujące, światła,
Albo horyzont z linią falistą u styku brzoskwiniowego nieba
                                        [i ciemnoniebieskich gór —
Czyż to nie było od wieków, tak jak jest dzisiaj, wzywane,
Niby tajemnica, która, jeszcze chwila, a nagle się odsłoni,

A ciência do bem e do mal

A ciência do bem e do mal é dada a nós no pulsar do sangue.
No aconchego do filho junto à mãe, porque nela há segurança
[e calor.
Nos pavores noturnos, quando éramos pequenos, no medo
[das presas dos animais e do quarto escuro.
Nas paixões da juventude, com suas delícias de criança.

E voltaremos inícios tão modestos contra uma ideia?
Ou diremos, antes, que o bem está do lado dos vivos
E o mal, do lado da destruição, que espreita para nos devorar?
Sim, o bem é aparentado com o ser e o não ser é espelho do mal.
E o bem é claridade, o mal, escuridão, o bem é o alto, o mal, o
[baixo,
Conforme a natureza dos nossos corpos, da nossa linguagem.

Assim como o belo. Direito de existir, não possui.
Não apenas lhe falta qualquer razão, mas há também
[argumento contra.
E no entanto existe, indubitável, e se distingue do feio.

Esse vozerio dos pássaros na janela quando saúdam a manhã
E flameja no chão, iridescente, uma faixa de luz,
Ou o horizonte e sua linha ondulada no encontro da cor de
[pêssego do céu e do azul escuro das montanhas —
Tudo isso não foi invocado desde séculos, assim como hoje,
Como um segredo que, num instante, de súbito há de se
[descobrir?

I stary artysta myśli, że całe życie tylko wprawiał rękę,
Dzień więcej, a wejdzie w sam środek jak do wnętrza kwiatu.

I dobro jest słabe, ale piękno silne.
Niebyt szerzy się i spopiela obszary bytu,
Strojąc się w barwy i kształty, które udają istnienie.
I nikt by go nie rozpoznał, gdyby nie jego brzydota.

Kiedy ludzie przestaną wierzyć, że jest zło i jest dobro,
Tylko piękno przywoła ich do siebie i ocali.
Żeby umieli powiedzieć: to prawdziwe, a to nieprawdziwe.

E o velho artista pensa que a vida toda só treinou a mão,
Um dia mais e há de atingir o cerne, como o íntimo da flor.

E o bem é fraco, mas o belo, forte.
O não ser se alastra e reduz a cinza os territórios do ser,
Vestindo-se de cores e formas que arremedam a existência.
E ninguém o reconheceria, não fosse sua feiura.

Quando as pessoas deixarem de acreditar que existe o mal e
[existe o bem,
Só o belo há de chamá-las a si e salvá-las.
Para que possam dizer: isto é verdadeiro, isto, inverdade.

Zima

Ostre zapachy kalifornijskiej zimy,
Szarość i różowość, prawie przezroczysty księżyc w pełni.
Dokładam drew do kominka, piję i myślę.

Właśnie przeczytałem wiadomość:
„Zmarł w Iławie w wieku 70 lat Aleksander Rymkiewicz, poeta".
Był najmłodszy z naszej grupy, trochę go lekceważyłem,
Jak lekceważyłem wielu za umysł podrzędny,
Choć nie dorównałbym im w licznych cnotach.

Tak więc ja tu, kiedy dobiega końca
Stulecie i moje życie. Dumny z mojej siły,
A zawstydzony jasnością widzenia.

Awangardy zmieszane z krwią.
Popioły sztuk nieprawdopodobnych.
Muzealnictwo chaosu.

Osądziłem to. Sam jednak naznaczony.
Ten wiek nie sprzyjał dobrodusznym i prawym.
Wiem, co znaczy spłodzić potwory i rozpoznać w nich siebie.

Księżycu. Aleksandrze. Ogniu cedrowego drzewa.
Zamykają się nad nami wody, chwilę trwa imię.

Inverno

Os acres aromas do inverno da Califórnia,
O cinza e o rosa, a lua cheia quase transparente.
Ponho lenha na lareira, bebo e penso.

Acabo de ler a notícia:
"Morreu em Iława, aos setenta anos, o poeta Aleksander
[Rymkiewicz".
Era o mais jovem do nosso grupo, eu desdenhava um pouco
[dele,
Como desdenhei de muitos outros de mente medíocre,
Embora não me igualasse a eles em diversas virtudes.

Eis-me então aqui, enquanto se abeiram do fim
O século e minha vida. Orgulhoso da minha força
E envergonhado com a clareza da visão.

Vanguardas de mistura com sangue.
Cinzas de artes inverossímeis.
Museologia do caos.

Submeti tudo isso a julgamento. Eu mesmo, porém, marcado.
Este século não foi propício para os de alma boa e justa.
Eu sei o que é dar monstros à luz e reconhecer a si mesmo
[neles.

Ó lua. Ó Aleksander. Ó fogo de lenha de cedro.
As águas se fecham sobre nós, o nome dura um instante.

Nieważne, czy zostajemy w pamięci pokoleń.
Wielkie było polowanie z ogarami na sens niedosiężny świata.

I teraz gotów jestem do dalszego biegu
O wschodzie słońca za granicami śmierci.
Już widzę górskie pasma w niebiańskiej kniei,
Gdzie za każdą esencją odsłania się esencja nowa.

Muzyko moich późnych lat, wzywają mnie
I dźwięk, i barwa coraz doskonalsze.

Nie dogasaj, ogniu. Wejdź w mój sen, miłości.
Niech będą wiecznie młode sezony ziemi.

Não importa se restamos na memória das gerações,
Foi grande a caçada com nossos cães em busca do inatingível
[sentido do mundo.

E agora estou pronto para continuar a corrida
Ao raiar do sol para lá das fronteiras da morte.
Já enxergo a cadeia de montanhas na floresta celeste,
Onde atrás de cada essência se desvenda uma essência nova.

Música dos meus anos tardios, chamam por mim
Som e cores cada vez mais perfeitos.

Não apagues, fogo. Adentra meu sonho, amor.
Que sejam eternamente jovens as estações da terra.

Przygotowanie

Jeszcze jeden rok przygotowania.
Już jutro zasiądę do pracy nad wielkim dziełem,
W którym moje stulecie zjawi się, jak było.
Słońce będzie w nim wschodzić nad prawymi i nieprawymi,
Wiosny i jesienie następować będą niemylnie po sobie,
Drozd będzie budować w mokrym gąszczu gniazdo wylepione gliną
I swojej lisiej natury uczyć się będą lisy.

I tylko tyle. Na dodatek: armie
Biegnące po zamarzłych równinach, wykrzykujące przekleństwo
Myriado-głosym chórem; lufa czołgu
Olbrzymiejąca na rogu ulicy; wjazd o zmierzchu
Między wieże strażnicze i druty obozu.

Nie, to nie będzie jutro. Za pięć, dziesięć lat.
Ciągle za dużo myślę o zajęciach matek
I o tym, czym jest człowiek zrodzony z kobiety.
Zwija się w kłębek i osłania głowę
Kopany ciężkimi butami; pali się jasnym płomieniem,
Biegnąc; buldożer go zgarnia do glinianego dołu.
Jej dziecko. Z misiem w objęciach. W rozkoszy poczęte.

Nie nauczyłem się jeszcze mówić jak trzeba, spokojnie.
A gniew i litość szkodzą równowadze stylu.

Preparação

Mais um ano de preparação.
Amanhã me ponho a trabalhar na grande obra
Em que meu século há de se mostrar como foi.
O sol nascerá nela sobre justos e injustos,
Primaveras e outonos se seguirão sem erro,
O tordo construirá numa brenha úmida seu ninho forrado de
[barro
E os filhotes de raposa aprenderão sua natureza de raposa.

E será tudo. Como adendo: os exércitos
Correndo pelas planícies congeladas, urrando seu
[coro-imprecação
Em uma miríade de vozes; o canhão do tanque
Irrompendo enorme na esquina; a chegada ao crepúsculo
Em meio às torres de vigia e ao arame farpado do campo.

Não, amanhã não. Daqui a cinco, dez anos.
Eu continuo pensando demais nos afazeres das mães
E no que é o homem nascido da mulher.
Ele se encolhe e cobre a cabeça
Aos repetidos chutes das botas; queima em uma clara chama,
Correndo; a pá do trator joga seu corpo em uma vala
[enlameada.
O filho da mulher. Com um ursinho nos braços. Concebido
[em deleite.

Ainda não aprendi a falar como é preciso, com calma.
E a raiva e a piedade prejudicam o equilíbrio do estilo.

Si Dieu aura pitié de cette planète — je me demande parfois s'il peut y avoir des raisons divines d'en avoir pitié. Malgré tous les rapprochements qu'on fait avec des époques passées, il me semble qu'il y a dans celle-ci quelque chose de sans précédent: l'énorme diffusion, surtout grâce aux media, d'une arrogance stupide.

C'est comme une décomposition, simultanée et conjuguée, de la pensée et de la volonté.

Z listu Jeanne 15 II 1983

„Nie mogłam mieć lepszego życia niż to, jakie miałam" — pisze mi w lutym 1983 roku z Warszawy Irena, która przeżyła okupację kraju przez dwie wrogie armie, musiała ukrywać się tropiona przez Gestapo, następnie przystosować się do życia pod rządami komunistów, być świadkiem terroru, robotniczych zrywów w latach 1956, 1970, 1976, 1980 i stanu wojennego ogłoszonego w grudniu 1981.

Si Dieu aura pitié de cette planète — je me demande parfois s'il peut y avoir des raisons divines d'en avoir pitié. Malgré tous les rapprochements qu'on fait avec des époques passées, il me semble qu'il y a dans celle-ci quelque chose de sans précédent: l'énorme diffusion, surtout grâce aux media, d'une arrogance stupide.

C'est comme une décomposition, simultanée et conjuguée, de la pensée et de la volonté.*

De uma carta de Jeanne, 15/II/1983

"Eu não podia ter tido uma vida melhor do que eu tive" — me escreve de Varsóvia, em fevereiro de 1983, Irena, que sobreviveu à ocupação do país por dois exércitos inimigos, precisou se esconder da perseguição da Gestapo, depois se habituar à vida sob os governos comunistas, ser testemunha do terror, dos levantes operários de 1956, 1970, 1976 e 1980 e da lei marcial proclamada em dezembro de 1981.

---

* Se Deus terá piedade deste planeta — eu me pergunto às vezes se pode haver razões divinas para ter piedade dele. Apesar de todos os paralelos que costumam ser feitos com épocas passadas, me parece que nesta há algo sem precedente: a enorme difusão, sobretudo graças às mídias, de uma arrogância estúpida.

É como uma decomposição, simultânea e conjugada, do pensamento e da vontade.

Z *Walta Whitmana:* O, żyć zawsze i zawsze umierać

O, żyć zawsze i zawsze umierać!
O, pogrzeby mnie dawnego i teraźniejszego,
O, ja kroczący naprzód, materialny, widzialny, władczy jak zawsze,
O, ja i to, czym byłem latami, teraz umarły. (Nie płaczcie po mnie, bo
[jestem zadowolony,)
O, uwolnić się od tych zwłok mnie samego, na które odwracając się
[patrzę tam, gdzie je rzuciłem,
Iść dalej (O, żyć zawsze!) i zostawiać zwłoki za sobą.

Przełożył Czesław Miłosz

De Walt Whitman: *Ó viver sempre e sempre morrer*

Ó viver sempre e sempre morrer!
Ó enterros de mim mesmo de antes e de agora,
Ó eu que avanço, material, visível, imperioso como sempre,
Ó eu e o que fui por anos, agora, um cadáver. (Não chorem
                         [por mim, estou contente,)
Ó livrar-me desses restos mortais de mim, que vejo quando
                         [me volto para lá onde os joguei,
Ir adiante (Ó viver sempre!) e deixar esses restos para trás.

Tradução de Marcelo Paiva de Souza
(a partir da tradução de Czesław Miłosz)

CRÔNICAS
KRONIKI

To jedno

Dolina i nad nią lasy w barwach jesieni.
Wędrowiec przybywa, mapa go tutaj wiodła,
A może pamięć. Raz, dawno, w słońcu,
Kiedy spadł pierwszy śnieg, jadąc tędy
Doznał radości, mocnej, bez przyczyny,
Radości oczu. Wszystko było rytmem
Przesuwających się drzew, ptaka w locie,
Pociągu na wiadukcie, świętem ruchu.
Wraca po latach, niczego nie żąda.
Chce jednej tylko, drogocennej rzeczy:
Być samym czystym patrzeniem bez nazwy,
Bez oczekiwań, lęków i nadziei,
Na granicy, gdzie kończy się ja i nie-ja.

1985

Só isso

O vale e, sobre ele, bosques nas cores do outono.
O peregrino chega, o mapa o trouxe,
Ou talvez a memória. Uma vez, há muito, no sol,
Quando caiu a primeira neve, seguindo por ali
Sentiu alegria, intensa, sem motivo,
Uma alegria dos olhos. Tudo era ritmo
Das árvores passando, do pássaro no voo,
Do trem no viaduto, festa do movimento.
Volta anos depois, nada exige.
Quer apenas uma coisa, preciosa:
Ser tão só puro olhar sem nome,
Sem expectativas, medos e esperanças,
Na fronteira em que finda o eu e o não-eu.

1985

Wyznanie

Panie Boże, lubiłem dżem truskawkowy
I ciemną słodycz kobiecego ciała.
Jak też wódkę mrożoną, śledzie w oliwie,
Zapachy: cynamonu i goździków.
Jakiż więc ze mnie prorok? Skąd by duch
Miał nawiedzać takiego? Tylu innych
Słusznie było wybranych, wiarygodnych.
A mnie kto by uwierzył? Bo widzieli,
Jak rzucam się na jadło, opróżniam szklanice
I łakomie patrzę na szyję kelnerki.
Z defektem i świadomy tego. Pragnący wielkości,
Umiejący ją rozpoznać gdziekolwiek jest,
A jednak niezupełnie jasnego widzenia,
Wiedziałem, co zostaje dla mniejszych, jak ja:
Festyn krótkich nadziei, zgromadzenie pysznych,
Turniej garbusów, literatura.

1986

Confissão

Senhor, eu gostava de geleia de morango,
E da sombria doçura do corpo feminino.
E também de vodca gelada, arenques no azeite,
Aromas: de canela e de cravo.
Que profeta eu havia de ser? Como o espírito
Haveria de visitar um sujeito assim? Tantos outros
Com razão foram escolhidos, fidedignos,
Em mim, quem acreditaria? Pois se viam
Como me atiro na comida, como esvazio as taças
E olho guloso a nuca da garçonete.
Cheio de defeitos e consciente disso. Desejoso de grandeza,
Capaz de reconhecê-la onde quer que esteja
E no entanto de visão não de todo clara,
Eu sabia o que resta para os menores como eu:
O festim das breves esperanças, a assembleia dos soberbos,
O torneio dos corcundas, a literatura.

1986

Ale książki

Ale książki będą na półkach, prawdziwe istoty,
Które zjawiły się raz, świeże, jeszcze wilgotne,
Niby lśniące kasztany pod drzewem w jesieni,
I dotykane, pieszczone, trwać zaczęły
Mimo łun na horyzoncie, zamków wylatujących w powietrze,
Plemion w pochodzie, planet w ruchu.
Jesteśmy — mówiły, nawet kiedy wydzierano z nich karty
Albo litery zlizywał buzujący płomień.
O ileż trwalsze od nas, których ułomne ciepło
Stygnie razem z pamięcią, rozprasza się, ginie.
Wyobrażam sobie ziemię, kiedy mnie nie będzie,
I nic, żadnego ubytku, dalej dziwowisko,
Suknie kobiet, mokry jaśmin, pieśń w dolinie.
Ale książki będą na półkach, dobrze urodzone,
Z ludzi, choć też z jasności, wysokości.

1986

Mas os livros

Mas os livros estarão nas estantes, seres verdadeiros,
Que surgiram certa vez, frescos, úmidos ainda,
Como castanhas lustrosas sob a árvore no outono,
E tocados, acarinhados, perduraram,
Apesar dos lampejos no horizonte, dos castelos voando pelo ar,
Das tribos em marcha, dos planetas em movimento.
Somos — diziam, mesmo quando suas páginas eram arrancadas
Ou suas letras lambidas pela chama ávida.
Ó quão mais duráveis do que nós, cujo calor precário
Se extingue junto com a memória, dissipa, morre.
Imagino a terra quando eu não existir mais
E nada, nenhuma perda, o mesmo estranho espetáculo,
Os vestidos das mulheres, o jasmim molhado, a canção no vale.
Mas os livros estarão nas estantes, bcm-nascidos,
De estirpe humana, embora também da claridade, da altura.

1986

CERCANIAS AO LONGE
DALSZE OKOLICE

Kuźnia

Podobał mi się miech, poruszany sznurem.
Może ręka, może nożny pedał, nie pamiętam.
Ale to dmuchanie, rozjarzanie ognia!
I kawał żelaza w ogniu, trzymany cęgami,
Czerwony, już miękki, gotów do kowadła,
Bity młotem, zginany w podkowę,
Rzucany w kubeł z wodą, syk i para.
I konie uwiązane, które będą kuć,
Podrzucają grzywami i w trawie nad rzeką
Lemiesze, płozy, brony do naprawy.

U wejścia, czując bosą podeszwą klepisko.
Tutaj bucha gorąco, a za mną obłoki.
I patrzę, patrzę. Do tego byłem wezwany:
Do pochwalania rzeczy, dlatego że są.

Forja

Eu gostava do fole movido pelo cordame.
Acionado pela mão, por um pedal, talvez, não me lembro.
Mas aquele sopro, aquele crepitar do fogo!
E o pedaço de metal nas chamas, na ponta da tenaz,
Rubro, já maleável, pronto para a bigorna,
Batido pelo martelo, tomando a forma da ferradura,
Sua queda no balde d'água, o sibilo e o vapor.
E os cavalos presos, que logo serão ferrados,
Sacodem as crinas e na grama à beira do rio
Relhas, lâminas, grades para o conserto.

Na entrada, sentindo o chão na planta do pé descalço.
Aqui, as lufadas de calor e atrás de mim, as nuvens.
E eu olho, olho. Para isso fui chamado:
    Para louvar as coisas, porque são.

Oset, pokrzywa

> ...le chardon et la haute
> Ortie et l'ennemie d'enfance belladonna
>
> *O. Miłosz*

Oset, pokrzywa, łopuch, belladonna
Mają przyszłość. Ich są pustkowia
I zardzewiałe tory, niebo, cisza.

Kim będę dla ludzi wiele pokoleń po mnie,
Kiedy po zgiełku języków weźmie nagrodę cisza?

Miał mnie okupić dar układania słów,
Ale muszę być gotów na ziemię bez-gramatyczną.

Z ostem, pokrzywą, łopuchem, belladonną,
Nad którymi wietrzyk, senny obłok, cisza.

Cardo, urtiga

> ...*le chardon et la haute*
> *Ortie et l'ennemie d'enfance belladonna*
>
> O. V. de L.-Milosz

Cardo, urtiga, bardana, beladona
Têm futuro. São delas os descampados
E as ferrovias enferrujadas, o céu, o silêncio.

Quem serei para as pessoas muitas gerações depois de mim,
Quando, cerrada a algazarra das línguas, o prêmio couber ao
[silêncio?

Devia me remir o dom de compor as palavras,
Mas tenho de estar pronto para uma terra-sem-gramática.

De cardo, urtiga, bardana, beladona
E sobre elas a brisa, uma nuvem sonolenta, silêncio.

Młodość

Twoja nieszczęśliwa i głupia młodość.
Twoje przybycie z prowincji do miasta.
Zapotniałe szyby tramwajów, ruchliwa nędza w tłumie.
Przerażenie, kiedy wszedłeś do lokalu, który dla ciebie za drogi.
Ale wszystko za drogie. Za wysokie.
Ci tutaj muszą spostrzec twoje nieobycie
I niemodne ubranie, i niezgrabność.

Nie było nikogo, kto by przy tobie stanął i powiedział:

— Jesteś ładnym chłopcem,
Jesteś silny i zdrów,
Twoje nieszczęścia są urojone.

Nie zazdrościłbyś tenorowi w palcie z wielbłądziej wełny,
Gdybyś znał jego strach i wiedział, jak zginie.

Ruda, z powodu której przeżywasz męki,
Tak wydaje ci się piękna, jest lalką w ogniu,
Nie rozumiesz, co krzyczy ustami pajaca.

Kształt kapeluszy, krój sukien, twarze w lustrach
Będziesz pamiętać niejasno, jak coś, co było dawno
Albo zostaje ze snu.

Juventude

Sua juventude infeliz e tola.
Sua chegada da província à cidade.
As janelas suadas dos bondes, a inquieta miséria da multidão.
O pavor quando você entrou em um lugar que era caro demais.
Mas tudo era caro demais. Alto demais.
A gente daqui com certeza vai perceber sua impolidez,
A roupa fora de moda, a falta de jeito.

Não houve ninguém que parasse do seu lado e dissesse:

— Você é um rapaz bonito,
É forte e saudável,
Suas infelicidades são imaginadas.

Você não invejaria o tenor com o sobretudo de lã de camelo
Se conhecesse seu medo e soubesse como ele morreria.

A ruiva que causa tantos tormentos,
De tão bela que parece a seus olhos, é uma boneca no fogo,
Você não entende o que ela grita com lábios de palhaço.

Da forma dos chapéus, do corte dos vestidos, das faces nos
                                            [espelhos,
Você vai se lembrar sem clareza, como algo que existiu há muito
Ou resta de um sonho.

Dom, do którego zbliżasz się z drżeniem,
Apartament, który ciebie olśniewa,
Patrz, na tym miejscu dźwigi uprzątają gruz.

Ty z kolei będziesz mieć, posiadać, zabezpieczać,
Mogąc wreszcie być dumny, kiedy nie ma z czego.

Spełnią się twoje życzenia, obrócisz się wtedy
Ku czasowi utkanemu z dymu i mgły,

Ku mieniącej się tkaninie jednodniowych żywotów,
Która faluje, wznosi się i opada jak niezmienne morze.

Książki, które czytałeś, nie będą więcej potrzebne,
Szukałeś odpowiedzi, żyłeś bez odpowiedzi.

Będziesz iść ulicami jarzących się stolic południa
Przywrócony twoim początkom, widząc w zachwyceniu
Biel ogrodu, kiedy w nocy spadł pierwszy śnieg.

A casa de que você se aproxima com um tremor,
O apartamento deslumbrante,
Veja, escavadeiras limpam os escombros ali.

Você, por sua vez, vai ter, possuir, resguardar,
Podendo enfim se sentir orgulhoso, quando não há de quê.

Vão se cumprir seus desejos, então você se voltará
Para um tempo urdido de fumaça e névoa.

Para o tecido furta-cor de vidas de um dia,
Que ondula, levanta e baixa, como imutável mar.

Os livros que você leu não serão mais necessários.
Você procurou respostas, viveu sem respostas.

Você seguirá pelas ruas das ardentes capitais do sul
Devolvido a seus começos, vendo em êxtase
A brancura do jardim, quando caiu de noite a primeira neve.

Trwałość

To było w dużym mieście, mniejsza z tym jakiego kraju, jakiego języka.
Dawno temu (błogosławiony niech będzie dar
Wysnuwania opowieści z drobiazgu
Na ulicy, w aucie — zapisuję, żeby nie zgubić).
Może nie drobiazg, bo tłumna nocna kawiarnia,
W której występowała co wieczór sławna pieśniarka.
Siedziałem z innymi w dymie, w brzęku szklanic.
Krawaty, oficerskie mundury, dekolty kobiet,
Dzika muzyka tamtejszego, pewnie z gór, folkloru.
I ten śpiew, jej gardło, pulsująca łodyga,
Nie zapomniana przez tak długie lata,
Ruch taneczny, czerń jej włosów, biel jej skóry,
Wyobrażenie zapachu jej perfum.
Czego nauczyłem się, co poznałem?
Państwa, obyczaje, żywoty, minione.
Żadnego śladu po niej i tamtej kawiarni.
I tylko cień jej ze mną, kruchość, piękno, zawsze.

Permanência

Foi em uma cidade grande, não importa o país, a língua.
Há muito (abençoado seja o dom
De desfiar uma estória a partir de um detalhe
Na rua, no carro — tomo nota para não perder).
Talvez não um detalhe, aliás, um café lotado
Em que se apresentava toda noite uma famosa cantora.
Eu estava sentado com outros entre a fumaça, o tilintar dos
[copos.
Gravatas, uniformes de oficiais, os decotes das mulheres,
A música selvagem do folclore dali, das montanhas, decerto.
E aquele canto, aquela garganta, um caule pulsante,
Não esquecido por tão longos anos,
Os volteios da dança, o preto dos cabelos, a brancura da pele,
A imaginada fragrância do perfume.
O que aprendi, o que pude conhecer?
Países, hábitos, vidas se foram.
Nenhum vestígio dela e daquele café.
Só uma sombra comigo, fragilidade, beleza, sempre.

Pająk

Nitka, na której lądował, przylgnęła do dna wanny
I rozpaczliwie próbuje iść po gładkiej bieli,
Ale żadna z miotających się nóg nie znajduje uchwytu
Na powierzchni, której nie ma w Naturze.
Nie lubię pająków. Pomiędzy nimi i mną jest nieprzyjaźń.
Czytałem dużo o ich obyczajach,
Które są dla mnie wstrętne, i w pajęczynie
Zdarzało mi się widzieć szybki bieg, atak
Na uwikłaną muchę, śmiertelne ukłucie
Jadem i dla nas niebezpiecznym
U niektórych gatunków. Teraz na niego patrzę
I zostawiam go tak. Zamiast puścić wodę
I zakończyć tę przykrość. Niech stara się,
Daję mu szansę. Bo, ostatecznie, my,
Ludzie, możemy najwyżej nie szkodzić.
Nie sypać trucizny na szlak wędrownych mrówek,
Ratować głupie ćmy rwące się do światła,
Odgradzając je szybą od lampy naftowej,
Przy której kiedyś pisałem. Nazwij wreszcie —
Mówię teraz do siebie — niedomyślenie do końca
Jest ratunkiem dla żywych. Czyż pełna świadomość
Mogłaby unieść to, co równocześnie
W każdej sekundzie dzieje się na ziemi?
Nie szkodzić. Zaprzestać jedzenia ryb i mięsa.
Dać się wykastrować, jak Tiny, kot niewinny
Żadnego z utopionych w naszym mieście kociąt.
Mieli rację katarzy: unikać grzechu poczęcia

Uma aranha

O fio em que vinha aterrissando grudou na banheira
E ela tenta desesperadamente subir a lisa brancura,
Mas nenhuma das pernas que se debatem encontra apoio
Em uma superfície que inexiste na Natureza.
Não gosto de aranhas. Há hostilidade entre mim e elas.
Já li muito sobre seus hábitos,
Que acho repulsivos, e aconteceu de eu ver
Na teia a rápida corrida, o ataque
À mosca aprisionada, a picada mortal
Com um veneno também para nós perigoso
Em algumas espécies. Agora olho para ela
E deixo como está. Em vez de abrir a torneira
E acabar com esse incômodo. Que se esforce,
Dou a ela uma chance. Porque enfim nós,
Humanos, podemos no máximo não fazer mal.
Não pôr veneno na trilha frequentada pelas formigas,
Salvar as tolas mariposas que se atiram na luz,
Separando-as com um vidro da lamparina a querosene
Junto da qual eu escrevia. Diga, afinal —
Falo comigo mesmo agora: o impensado
É a salvação de quem vive. A plena consciência
Seria capaz de suportar o que a cada segundo,
Simultaneamente, se passa na terra?
Não fazer mal. Parar de comer peixe e carne.
Ser castrado, como Tiny, gato sem culpa
Por nenhum dos gatinhos afogados em nossa cidade.
Os cátaros estavam certos: evitar o pecado da concepção

(Bo albo zabijesz płód i dręczyć będzie sumienie,
Albo za żywot cierpień będziesz odpowiedzialny).

Mój dom ma dwie łazienki. Zostawiam pająka
W nie używanej wannie i wracam do moich zajęć,
Które polegają na budowaniu niedużych okrętów
Bardziej sprawnych i lotnych niż te w dzieciństwie,
Dobrych do żeglowania za granicę czasu.

Nazajutrz zaglądam do mego pająka.
Martwy, zwinięty w czarną kulkę na lśniącej bieli.

Myślę z zazdrością o dostojeństwie Adama,
Do którego przychodziły zwierzęta leśne i polne,
Żeby dostać od niego imiona. Jakże był wywyższony
Nad wszystko, co biega i lata, i pełza.

(Porque ou você mata um feto e enfrenta remorsos,
Ou é responsável por uma vida de sofrimento).

Minha casa tem dois banheiros. Deixo a aranha
Na banheira não usada e volto às minhas ocupações,
Que consistem em fazer pequenos barcos,
Mais eficientes e ágeis que aqueles de quando criança,
Bons para navegar além da fronteira do tempo.

No dia seguinte, dou uma espiada em minha aranha.
Morta, uma bolinha negra na cintilante brancura.

Penso com inveja na dignidade de Adão,
Até o qual vinham os animais da floresta e do campo,
Para dele receberem seus nomes. Quão alto ele foi elevado
Acima de tudo que corre e voa, e rasteja.

Sens

— Kiedy umrę, zobaczę podszewkę świata.
Drugą stronę, za ptakiem, górą i zachodem słońca.
Wzywające odczytania prawdziwe znaczenie.
Co nie zgadzało się, będzie się zgadzało.
Co było niepojęte, będzie pojęte.

— A jeżeli nie ma podszewki świata?
Jeżeli drozd na gałęzi nie jest wcale znakiem,
Tylko drozdem na gałęzi, jeżeli dzień i noc
Następują po sobie, nie dbając o sens,
I nie ma nic na ziemi, prócz tej ziemi?

Gdyby tak było, to jednak zostanie
Słowo raz obudzone przez nietrwałe usta,
Które biegnie i biegnie, poseł niestrudzony,
Na międzygwiezdne pola, w kołowrót galaktyk
I protestuje, woła, krzyczy.

Sentido

— Quando eu morrer, verei o avesso do mundo.
O outro lado, atrás do pássaro, da montanha e do poente.
O significado verdadeiro clamando por interpretação.
O que não concordava haverá de concordar.
O não compreendido haverá de se compreender.

— Mas e se não houver o avesso do mundo?
Se o tordo no galho não for signo algum,
Apenas um tordo no galho, se o dia e a noite
Se sucederem sem cuidar de sentido
E nada houver na terra, senão a terra?

Se assim for, restará no entanto
A palavra que uma boca impermanente despertou,
Que corre e corre, emissário incansável,
Pelos campos interestelares, no turbilhão das galáxias,
E protesta, chama, grita.

À BEIRA DO RIO
NA BRZEGU RZEKI

Realizm

Nie jest całkiem źle z nami, jeżeli możemy
Podziwiać holenderskie malarstwo. To znaczy,
Że co nam opowiadają od stu, dwustu lat,
Zbywamy wzruszeniem ramion. Choć straciliśmy
Dużo z dawnej pewności. Godzimy się,
Że te drzewa za oknem, które chyba są,
Udają tylko drzewiastość i zieleń,
I że język przegrywa z wiązkami molekuł.
A jednak to tutaj, chleb, talerz cynowy,
Półobrana cytryna, orzechy i chleb
Trwają, i to tak mocno, że trudno nie wierzyć.
I zawstydzona jest abstrakcyjna sztuka,
Choć żadnej innej nie jesteśmy godni.
Więc wchodzę między tamte krajobrazy,
Pod niebo chmurne, skąd wystrzela promień
I w środku ciemnych równin jarzy się plama blasku.
Albo na brzeg zatoki, gdzie chaty, czółna,
I na żółtawym lodzie maleńkie postacie.
To wiecznie jest, dlatego że raz było,
Przez jedną chwilę istniejąc i niknąc.
Splendor (i najzupełniej niepojęty)
Okrywa popękany mur, śmietnisko,
Podłogę karczmy, kaftany biedaków,
Miotłę i ryby skrwawione na desce.
Raduj się, dziękuj! Więc dobyłem głosu
I złączyłem się z nimi w chóralnym śpiewaniu
Pośrodku kryz, koletów, spódnic atłasowych,
Już jeden z nich, przeminionych dawno.
I wzbijała się pieśń, jak dym z kadzielnicy.

Realismo

Nem tudo vai mal conosco, se somos capazes
De admirar a pintura holandesa. Quer dizer
Que não fazemos grande caso do que nos contam
Há cem, duzentos anos. Embora tenhamos perdido
Muito da velha certeza. Aceitamos
Que as árvores para lá da janela, que talvez existam,
Apenas fingem o ser-árvore e o verde
E que a língua perde para os feixes de moléculas.
Isto aqui, no entanto, o pão, o prato de estanho;
O limão descascado até a metade, as nozes e o pão
Perduram, e com tal força que é difícil não acreditar.
E a arte abstrata se cobre de vergonha,
Embora não sejamos dignos de nenhuma outra.
Então adentro naquelas paisagens,
Sob o céu nublado donde jorra um facho de luz
E, em meio a escuras planícies, arde uma mancha brilhante.
Ou sigo às margens da baía: cabanas, canoas
E, no gelo amarelado, pequeninas figuras.
Tudo isso é, eternamente, porque foi,
Existiu por um instante certa vez e desapareceu.
Um esplendor (de todo incompreensível)
Reveste o muro rachado, o lixo,
O piso da taverna, o gibão do pobre-diabo,
A vassoura e os peixes ensanguentados na tábua.
Alegra-te, agradece! Então fiz soar minha voz
E me juntei a essas criaturas, cantando em coro
Entre gorjeiras, coletes, saias de cetim,
Mais uma delas, há muito fenecidas.
E a canção se ergue, como fumaça do turíbulo.

Do Allena Ginsberga

Allen, dobry człowieku, wielki poeto morderczego stulecia, ty, który upierając się w szaleństwie doszedłeś do mądrości.

Tobie wyznaję, moje życie nie było takie, jak bym chciał.

I teraz, kiedy minęło, leży jak niepotrzebna opona na skraju drogi.

Było takie jak życie milionów, przeciwko któremu buntowałeś się w imię poezji i wszechobecnego Boga.

Poddane obyczajom, z wiedzą, że są absurdalne, i konieczności, która zrywa co ranka i każe jechać do pracy.

Z nie spełnionymi pragnieniami, nawet z nie spełnioną chęcią krzyku i bicia głową w ścianę, z powtarzanym sobie zakazem „Nie wolno".

Nie wolno pobłażać sobie, pozwalać na nic-nierobienie, rozmyślać o swoim bólu, nie wolno szukać pomocy w szpitalu i u psychiatry.

Nie wolno dlatego, że obowiązek, ale także dlatego, że strach przed siłami, którym tylko popuścić, a pokaże się nasze błazeństwo.

Para Allen Ginsberg

Allen, bom sujeito, grande poeta de um século assassino, você que, teimando na loucura, chegou à sabedoria.

A você eu confesso que minha vida não foi como eu queria.

E agora que passou, aí está ela, como um pneu velho à beira da estrada.

Foi como a vida de milhões, contra a qual você se rebelou em nome da poesia e de um deus onipresente.

Submetida aos hábitos, sabendo que são absurdos, e à necessidade, que acorda a gente toda manhã mandando sair para o trabalho.

Com anseios não realizados, inclusive a vontade não realizada de gritar e bater a cabeça na parede com a proibição sempre repetida para si mesmo: "Não".

Não ser indulgente consigo mesmo, não se permitir não-fazer-nada, não refletir sobre a própria dor, não buscar ajuda no hospital e no psiquiatra.

Não, porque há obrigações, mas também o medo de forças que, tão logo à solta, eis aí descoberto todo o nosso ridículo.

I żyłem w Ameryce Molocha, krótkowłosy i ogolony, wiążąc krawaty, pijąc bourbon przed telewizją co wieczór.

Diabelskie karły pożądań koziołkowały we mnie, byłem ich świadomy i wzruszałem ramionami: razem z życiem to minie.

Trwoga skradała się tuż tuż, musiałem udawać, że nigdy jej nie ma i że z innymi mnie łączy błogosławiona normalność.

Taka też może być szkoła wizji, bez narkotyków i odciętego ucha van Gogha i braterstwa najlepszych umysłów za kratami szpitali.

Byłem instrumentem, słuchałem, wyławiając głosy z bełkotliwego chóru, tłumacząc na zdania jasne, z przecinkami i kropką.

Zazdroszczę tobie odwagi absolutnego wyzwania, słów gorejących, zaciekłej klątwy proroka.

Wstydliwe uśmiechy ironistów zachowano w muzeach i nie są wielką sztuką, ale pamiątką niewiary.

Podczas kiedy twój wrzask bluźnierczy dalej rozlega się w neonowej pustyni, po której błądzi ludzkie plemię skazane na nierzeczywistość.

Walt Whitman słucha i mówi: Tak, tak właśnie trzeba, żeby ciała mężczyzn i kobiet zaprowadzić tam, gdzie wszystko jest spełnieniem i gdzie żyć odtąd będą w każdej przemienionej chwili.

E fui vivendo na América do Moloch, de cabelo curto e barba feita, engravatado, bebendo um bourbon na frente da televisão noite após noite.

Os gnomos diabólicos dos desejos dando cambalhotas dentro de mim, eu, consciente deles, dando de ombros: com a vida, isso passa.

A angústia bem ali, furtiva, eu sempre fingindo que nem sinal dela e que estou ligado aos outros por uma bendita normalidade.

Também pode ser assim a escola da visão, sem narcóticos e sem a orelha cortada de van Gogh e a irmandade das melhores mentes atrás das grades de hospícios.

Fui um instrumento, ouvi, fisguei vozes do coro balbuciante, traduzindo-as em frases claras, com vírgulas e ponto-final.

Invejo em você a coragem do desafio absoluto, das palavras incandescentes, do anátema obstinado do profeta.

Os sorrisos acanhados dos ironistas foram parar nos museus e não são grande arte, só uma lembrança da descrença.

Enquanto seu uivo blasfemo ainda reverbera no deserto de neon pelo qual segue errante a tribo humana, condenada à irrealidade.

Walt Whitman escuta e diz: Sim, assim é preciso para conduzir os corpos dos homens e das mulheres até lá, onde tudo é plenitude e passarão a viver cada instante transfigurado.

A twoje dziennikarskie banały, twoja broda i paciorki, i strój buntownika tamtej epoki zostają wybaczone.

Albowiem nie szukamy tego co doskonałe, szukamy tego, co zostaje z nieustannego dążenia.

Pamiętając, ile znaczy traf szczęśliwy, zbieg słów i okoliczności, ranek z obłokami, który później wyda się nieuchronny.

Nie żądam od ciebie monumentalnego dzieła, które byłoby jak średniowieczna katedra nad francuską równiną.

Sam miałem taką nadzieję i trudziłem się, już jednak na wpół wiedząc, że niezwykłe zmienia się w powszednie.

I w planetarnej mieszaninie wyznań i języków jesteśmy nie bardziej pamiętani niż wynalazcy kołowrotka albo tranzystora.

Przyjm ten hołd ode mnie, który byłem tak inny, ale w tej samej służbie nienazwanej.

W braku lepszych określeń podając ją jedynie za czynność pisania wierszy.

E suas banalidades jornalísticas, sua barba e seus colares de contas, e suas roupas de rebelde daquela época serão perdoados.

Pois não buscamos o que é perfeito, buscamos o que resta da incessante procura.

Lembrando quanto significam o acaso feliz, a coincidência das palavras e circunstâncias, a manhã coberta de nuvens que, depois, parecerá inevitável.

Não exijo de você uma obra que seja um monumento, como uma catedral medieval em uma planície francesa.

Eu mesmo tive essa esperança e me esforcei, de antemão, porém, já sabendo quase ao certo que o extraordinário se torna comum.

E na mistura planetária de crenças e línguas, não somos mais lembrados do que os inventores da roca ou do transístor.

Aceite esta homenagem de mim, que fui tão diferente, mas, como você, prestei este mesmo serviço inominado.

Na falta de definições melhores, referido apenas como a atividade de fazer poemas.

Pierson College

Kute żelazo bramy Pierson College
I postój do niczego niepodobny
W tamtym minionym życiu. Zapomnienie
I pamiętanie. Razem, jak możliwe?
Ten stary profesor, z akcentem,
Który ma seminarium o Biesach i czyta
W swojej Beinecke Library rękopisy
Józefa Conrada: Jądro ciemności
Pośpiesznie ołówkiem pisane, staranny
Skrypt powieści Razumow (W oczach Zachodu),
Czy jest tożsamy z chłopcem, który z Bouffałowej
Odprowadza Ludwika Małą Pohulanką
A stamtąd do czytelni im. Tomasza Zana,
Gdzie bierze książkę morskich przygód?
Na samej granicy. Przed spadnięciem
Teraz, tu. Zanim „ja" zmieni się w „on".

Jakość przechodzi w ilość z końcem wieku
I żyć na ziemi nie jest już to samo,
Gorzej czy lepiej, kto to wie, inaczej.
Choć dla nich, tych studentów, żaden Ludwik
Nigdy nie istniał i stary profesor
Trochę ich śmieszy zaciekłością tonu,
Jakby od prawdy zależał los świata.

Pierson College

O ferro forjado do portão do Pierson College
E a estada ali, dessemelhante de tudo
Naquela vida que se foi. Esquecimento
E lembrança. Juntos, mas como?
Este velho professor com sotaque,
Que ministra um seminário sobre *Os demônios* e lê
Em sua Beinecke Library os manuscritos
De Józef Conrad: *Coração das trevas*,
Escrito às pressas, a lápis; o cuidadoso
Rascunho do romance *Razumow* (*Sob os olhos do Ocidente*),
Ele é idêntico ao menino que da Bouffałowa
Segue com o Ludwik pela Mała Pohulanka
E dali até a biblioteca Tomasz Zan,
Onde pega um livro de aventuras marítimas?
No exato limite. Antes da queda
No agora, aqui. Antes que o "eu" se torne "ele".

Qualidade se transforma em quantidade com o fim do século
E viver na terra já não é o mesmo,
Pior ou melhor, quem sabe, diferente.
Embora para eles, esses estudantes, Ludwik nenhum
Jamais tenha existido e achem engraçado
O velho professor e seu tom ranzinza,
Como se a sorte do mundo dependesse da verdade.

Platońskie dialogi

Zawsze pod koniec tygodnia szliśmy z ojcem do łaźni na Tatarską.

Była powaga w dostawaniu wąskich kanap, osobnych dla każdego, na wspólnej sali z przedziałami jak w kolejowym wagonie.

I następnie w otwarciu drzwi, za którymi nagle wszystko inne, gęsta para przyciemniająca światło żarówek, w niej ledwo widoczne gołe postacie.

Z kranu nabierało się w cebrzyk zimnej wody do polewania głowy, i z nim na półkę, tak wysoko jak można wytrzymać, między ryki golców smagających się wiennikami.

Męska ambicja nakazywała zostać tak długo, aż skóra wydelikacona gorącem zacznie odczuwać każde dotknięcie brzozowej witki niby uderzenie bicza.

Wydawanie ryków należało do obrzędu i oznaczało, że dosięga się granicy wytrzymałości.

Diálogos platônicos

No fim de semana eu sempre ia com meu pai à sauna da rua Tatarska.

Havia solenidade na obtenção dos sofás estreitos, um para cada cliente, no salão com compartimentos, como em um vagão de trem.

E depois na abertura da porta, atrás da qual tudo era diferente, um vapor espesso escurecendo a luz das lâmpadas e nele, mal e mal visíveis, figuras desnudas.

Na torneira, enchia-se uma pequena tina de água fria para molhar a cabeça, tina que então era colocada em uma prateleira, tão alto quanto se conseguia, entre urros dos homens nus, batendo-se com os *wienniki*.*

A ambição masculina ordenava continuar até que a pele, tenra com o calor, começasse a sentir cada toque dos ramos de bétula como o lanho de um chicote.

Urrar fazia parte do ritual e significava que foi atingido o limite da resistência.

---

* O *wiennik* (ou *winnik*, em polonês; веник, em russo) é uma espécie de vassourinha, um feixe de ramos de bétula, instrumento tradicionalmente utilizado nas saunas eslavas e escandinavas. (N. T.)

*Za powrotem do sali słuchało się rozmów, które toczyli grubi mężczyź-
ni, każdy na swojej kanapie, okryty prześcieradłem.*

*Stali bywalcy: zamożni rzemieślnicy, przodownicy policji i żydowscy
kupcy.*

*Ich dialogi nie zasługiwałyby na miano platońskich dialogów, ale
prawie.*

De volta ao salão, ouviam-se as conversas travadas por homens obesos, cada um em seu sofá, coberto por um lençol.

Frequentadores assíduos: artesãos abastados, chefes de polícia, comerciantes judeus.

Seus diálogos não mereceriam o nome de diálogos platônicos, mas quase.

Dlaczego?

Dlaczego nie wzniesie się hymn potężny
Dziękczynienia i wiekuistej chwały?

Czyż nie zostały wysłuchane błagania poniżonych,
Wyzutych z mienia, zniesławianych, mordowanych,
męczonych za drutami?

Wyłamał zęby ze szczęki pożercy maluczkich,
Obalił silnego, który miał panować przez wieki.

Pomniki chełpliwej wiedzy leżą między pokrzywą,
Na nieomylne imperium zeszła ciemność.

Czy tak długo daremnie czekały sprawiedliwości pokolenia,
Że wiara w nadziemskie wyroki została utracona?

I nie kończąca się dolina twarzy wyzbytych nadziei
Tym, którzy doczekali, cieszyć się zabrania?

Zapomniano odśpiewać Te Deum i sławić Pana Zastępów.
W milczeniu wymawiane jest imię Ukrytego Boga.

Nikt nie maluje Mocarza w błyszczącej zbroi,
Który przechadza się w obłokach nad polem bitwy.

Por quê?

Por que não se ergue um hino vigoroso
De graças e de sempiterna glória?

Não foram ouvidas as súplicas dos humilhados,
Dos despossuídos, infamados, assassinados,
Dos aflitos atrás do arame farpado?

Ele quebrou os dentes das mandíbulas que devoram os
[pequeninos,
Derrubou o forte que havia de reinar por séculos.

Os monumentos do ufano saber jazem em meio à urtiga,
Sobre o império infalível, desceu a escuridão.

As gerações esperaram tanto tempo em vão pela justiça
Que a fé nas sentenças do alto acabou perdida?

E o vale interminável das faces desprovidas de esperança
Proíbe o júbilo àqueles que conseguiram?

Esqueceu-se de cantar o *Te Deum* e de celebrar o Senhor dos
[Exércitos.
É proferido em silêncio o nome do Deus Abscôndito.

Ninguém pinta a Potestade em uma armadura reluzente,
Perambulando nas nuvens acima do campo de batalha.

Który mówi: Moja jest pomsta, moje karzące ramię,
Ja wybieram dzień i godzinę tysiącolecia.

Byliśmy bezpieczni za tarczą Jego opieki,
Biegły ku nam nieszczęścia, ale nie przemogły.

Gdzie solenne zgromadzenia ludów pod niebem błyskawic Jedynego,
Gdzie pokorne rozmyślanie nad Jego dziełem?

Trwożni, przecierają oczy, wiedząc tylko, że na zło nie masz miary.
Że wystarczy krzyknąć z radości, a powróci z podwojoną siłą.

Dalej wypatrują znaków na niebie, kół ognistych, rózeg i krzyży,
Pamiętając słowo Historia, której drugie imię Zagłada.

Dizendo: Minha é a vingança, meu, o braço que castiga,
Eu escolho o dia e a hora do milênio.

Estávamos seguros atrás do escudo da Sua guarda,
As desventuras investiam contra nós, mas não venciam.

Onde as solenes assembleias dos povos sob o céu de raios do
[Único,
Onde a humilde meditação sobre Sua obra?

Em angústia, esfregam os olhos, sabendo apenas que o mal não
[tem medida.
Que basta gritar de alegria e ele retorna, com redobrada força.

Continuam à espreita de sinais no céu, círculos de fogo, varas
[e cruzes.
Lembrando-se da palavra História, cujo segundo nome é
[Extermínio.

ISTO
TO

W mieście

Miasto było ukochane i szczęśliwe,
Zawsze w czerwcowych piwoniach i późnych bzach,
Pnące się barokowymi wieżami ku niebu.
Powrócić z majówki i stawiać w wazach bukiety,
Za oknem widzieć ulicę, którą kiedyś szło się do szkoły
(Na murach ostre granice słońca i cienia).
Kajakowanie razem na jeziorach.
Miłosne wyprawy na wyspy porośnięte łozą.
Narzeczeństwo i ślub u Świętego Jerzego.
A później konfraternia ucztuje u mnie na chrzcinach.
Cieszą mnie turnieje muzyków, krasomówców, poetów,
Brawa tłumu, kiedy ulicą przeciąga Pochód Smoka.
Co niedziela zasiadałem w kolatorskiej ławce.
Nosiłem togę i złoty łańcuch, dar współobywateli.
Starzałem się, wiedząc, że moje wnuki zostaną miastu wierne.

Gdyby tak było naprawdę. Ale wywiało mnie
Za morza i oceany. Żegnaj, utracony losie.
Żegnaj, miasto mego bólu. Żegnajcie, żegnajcie.

Na cidade

A cidade era querida e feliz,
Sempre repleta de peônias de junho e lilases tardios,
Com torres barrocas erguendo-se ao céu.
Voltar do piquenique e pôr nos vasos as flores da primavera,
Ver pela janela a rua que se percorria até a escola
(Nos muros, fronteiras nítidas entre o sol e a sombra).
Passear de canoa, juntos, nos lagos.
Excursões amorosas nas ilhas cobertas de vimeiros.
Noivado e casamento na Święty Jerzy.
E depois a confraria brindando em casa nos batizados.
Os concursos de música, oratória, poesia, os aplausos
Na rua enquanto passa o Desfile do Dragão me deixam contente.
Todo domingo, sentado no banco dos benfeitores da igreja.
Uma toga e um cordão de ouro, dádivas dos concidadãos.
E envelheci, sabendo que meus netos seriam fiéis à cidade.

Tivesse sido assim na verdade. Mas fui arrastado
Através de mares e oceanos. Adeus, destino perdido.
Adeus, cidade da minha dor. Adeus, adeus.

Pastele Degasa

Te plecy. Rzecz erotyczna zanurzona w trwaniu,
A ręce uwikłały się w rudych splotach,
Tak bujnych, że czesane, ściągają w dół głowę.
Udo i pod nim stopa drugiej nogi,
Bo siedzi, rozchylając zgięte kolana,
I ruch ramion odsłania linię jednej piersi.
Tu, niewątpliwie, w stuleciu i roku,
Które minęły. Jakże ją dosięgnąć?
I jak dosięgnąć tamtą, w żółtym peniuarze?
Czerni rzęsy przed lustrem, podśpiewując.
Trzecia leży na łóżku, pali papierosa
I ogląda żurnal mody. Jej koszula
Z muślinu, biel obfita okrągło prześwieca
I różowawe sutki. Kapelusz malarza
Wisi między sukniami na antresoli.
Lubił tutaj siadywać, rozmawiać, rysować.
Cierpkie w smaku jest nasze ludzkie obcowanie
Z powodu znajomego dotyku, ust chciwych,
Kształtu bioder i nauk o duszy nieśmiertelnej.
Przybiera i odchodzi. Fala, wełna, wilna.
I tylko ruda grzywa błysnęła w otchłani.

Os pastéis de Degas

Essas costas. Coisa erótica imersa na duração,
E as mãos se enredaram em tranças ruivas,
Tão exuberantes que, penteadas, puxam a cabeça para baixo.
A coxa e, debaixo dela, o pé da outra perna,
Porque está sentada, abrindo os joelhos dobrados,
E o movimento dos braços descobre o contorno de um seio.
Aqui, indubitável, em século e ano
Que passaram. Como alcançá-la?
E como alcançar aquela, de penhoar amarelo?
Pinta os cílios de preto diante do espelho, cantarolando.
A terceira está deitada na cama, fuma um cigarro,
Olha uma revista de moda. A camisa
De musselina, curvas de abundante brancura, translúcida,
E os mamilos rosados. O chapéu do pintor
Dependurado entre vestidos na sobreloja.
Gostava de ficar aqui, conversar, desenhar.
Tem um gosto acre nosso convívio humano,
Consequência do conhecido toque, da boca ávida,
Da forma dos quadris e das lições sobre a alma imortal.
Vem e se vai. Onda, lã, dédalo.
E só uma ruiva cabeleira refulgiu no abismo.

Alkoholik wstępuje w bramę niebios

Jaki będę, Ty wiedziałeś od początku.
I od początku każdego żywego stworzenia.

To musi być okropne, mieć taką świadomość,
w której są równoczesne
jest, będzie i było.

Żyć zaczynałem ufny i szczęśliwy,
pewny, że dla mnie co dzień wschodzi słońce,
i dla mnie otwierają się poranne kwiaty.
Od rana do wieczora biegałem w zaczarowanym ogrodzie.

Nic a nic nie wiedząc, że Ty z Księgi Genów
wybierasz mnie na nowy eksperyment,
jakbyś nie dosyć miał na to dowodów,
że tak zwana wolna wola
nic nie poradzi wbrew przeznaczeniu.

Pod Twoim ubawionym spojrzeniem cierpiałem
jak liszka żywcem wbita na kolec tarniny.
Otwierała się przede mną straszność tego świata.

Czyż mogłem nie uciekać od niej w urojenie?
w trunek, po którym ustaje szczękanie zębami,
topnieje gniotąca pierś rozpalona kula
i można myśleć, że jeszcze będę żyć jak inni?

Um alcoólatra chega aos portões do céu

Como eu seria, Tu sabias desde o começo.
E desde o começo de toda criatura vivente.

Deve ser horrível possuir essa consciência
em que são simultâneos
é, será e foi.

Comecei a vida confiante e feliz,
certo de que todo dia o sol nascia para mim
e de que para mim se abriam as flores matutinas.
Da manhã à noite, eu corria em um jardim encantado.

Sem a mínima ideia de que, do Livro dos Genes,
Tu me escolhias para um novo experimento,
como se não tivesses provas suficientes
de que o assim chamado livre-arbítrio
nada pode contra o destino.

Sob Teu olhar divertido, eu sofri
como a lagarta traspassada viva no espinho do abrunheiro.
Abriu-se diante de mim o terror deste mundo.

Eu podia não fugir dele rumo à ilusão,
ao trago após o qual cessava o tinir dos dentes,
derretia a esfera em brasa a oprimir o peito
e era possível achar que eu viveria como os outros?

Aż zrozumiałem, że tylko błądzę od nadziei do nadziei
i zapytałem Ciebie, Wszechwiedzący, czemu
udręczasz mnie. Czy to próba, jak u Hioba,
aż uznam moją wiarę za ułudę
i powiem: nie ma Ciebie ni Twoich wyroków,
a rządzi tu na ziemi tylko przypadek?

Jak możesz patrzeć
na równoczesny, miliardokrotny ból?

Myślę, że ludzie, jeżeli z tego powodu nie mogą uwierzyć,
że jesteś, zasługują w Twoich oczach na pochwałę.

Ale może dlatego, że litowałeś się bez miary, zstąpiłeś na ziemię,
żeby doznać tego, co czują śmiertelne istoty.

Znosząc ból ukrzyżowania za grzech, ale czyj?

Oto ja modlę się do Ciebie, ponieważ nie modlić się nie umiem.

Bo moje serce Ciebie pożąda, choć wiem, że nie uleczysz mnie.

I tak ma być, żeby ci, którzy cierpią, dalej cierpieli, wysławiając Twoje
[Imię.

Até que entendi que eu apenas errava de esperança em
[esperança
E perguntei a Ti, Onisciente, por que
me atormentas. É uma provação, como em Jó,
até que eu tome minha fé por miragem
e diga: Tu não existes, nem Tuas sentenças,
e reina aqui na terra apenas o acaso?

Como podes olhar
para a bilionésima dor simultânea?

Acho que as pessoas que por esse motivo não podem acreditar
que existes merecem louvor a Teus olhos.

Mas talvez porque tinhas uma piedade sem medida desceste
[na terra
para sentir o que sentem os seres mortais.

Suportando a dor da crucificação pelo pecado, mas de quem?

Eis-me a rezar a Ti, pois não rezar eu não sei.

Porque meu coração anseia por Ti, embora eu saiba que não
[me curarás.

E assim tem de ser, para que os que sofrem continuem a sofrer,
[enaltecendo Teu Nome.

Modlitwa

Pod dziewięćdziesiątkę, i jeszcze z nadzieją,
Że powiem, wypowiem, wyksztuszę.

Jeżeli nie przed ludźmi, to przed Tobą,
Który mnie karmiłeś miodem i piołunem.

Wstydzę się, bo muszę wierzyć, że prowadziłeś i chroniłeś mnie,
Jakbym miał u Ciebie szczególne zasługi.

Podobny byłem do tych z łagru, którzy dwie gałązki sosnowe
wiązali na krzyż, i mamrotali do nich nocą na pryczy w baraku.

Zanosiłem prośbę egoisty, i raczyłeś ją spełnić,
Po to, żebym zobaczył, jak była nierozumna.

Ale kiedy z litości dla innych błagałem o cud,
Milczały, jak zawsze, i niebo, i ziemia.

Moralnie podejrzany z powodu wiary w Ciebie,
Podziwiałem niewierzących za ich prostoduszny upór.

Jakiż to ze mnie tancerz przed Majestatem,
Jeżeli religię uznałem za dobrą dla słabych, jak ja?

Prece

Beirando os noventa e ainda com esperança
De que vou dizer, expressar, pôr pra fora.

Se não diante das pessoas, diante de Você,
Que me alimentou de mel e de absinto.

Sinto vergonha, pois preciso acreditar que Você me conduziu
[e protegeu,
Como se eu tivesse a Seus olhos algum merecimento especial.

Fui como aqueles no gulag que, estirados num barracão,
[amarravam
dois galhos de pinheiro em cruz e murmuravam para eles à
[noite.

Fiz a súplica do egoísta e Você se dignou a atendê-la,
Para que eu visse como era insensata.

Mas quando implorei um milagre por piedade pelos outros,
Ficaram calados, como sempre, o céu e a terra.

Moralmente suspeito por conta da minha fé em Você,
Eu admirava os descrentes por sua franca teimosia.

Como me juntar à dança diante da Majestade,
Convencido de que a religião era boa para os fracos, como eu?

Najmniej normalny z klasy księdza Chomskiego,
Już wtedy wpatrywałem się w wirujący lej przeznaczenia.

Teraz pięć moich zmysłów powoli zamykasz,
I jestem stary człowiek leżący w ciemności.

Wydany temu, co mnie tak udręczało,
Że biegłem prosto przed siebie, w układanie wierszy.

Uwolnij mnie od win, prawdziwych i urojonych.
Daj pewność, że trudziłem się na Twoją chwałę.

W godzinie mojej agonii bądź ze mną Twoim cierpieniem,
Które nie może świata ocalić od bólu.

O menos normal da classe do padre Chomski,
Já então eu enxergava a cratera rodopiante do destino.

Agora, aos poucos, Você vai cerrando meus cinco sentidos
E sou um velho que jaz na escuridão.

Entregue ao que me afligia tanto
Que me pus a correr, em frente, escrevendo versos.

Me livre das culpas, verdadeiras e imaginadas.
Me dê a certeza de que me esforcei para a Sua glória.

Na hora da minha agonia, esteja comigo com Seu sofrimento
Que não pode salvar o mundo da dor.

Po

Opadły ze mnie poglądy, przekonania, wierzenia,
opinie, pewniki, zasady,
reguły i przyzwyczajenia.

Ocknąłem się nagi na skraju cywilizacji,
która wydała mi się komiczna i niepojęta,

Sklepione sale pojezuickiej akademii,
w której kiedyś pobierałem nauki,
nie byłyby ze mnie zadowolone.

Mimo że jeszcze zachowałem
kilka sentencji po łacinie.

Rzeka płynęła dalej przez dębowe i sosnowe lasy.

Stałem w trawach po pas, wdychając dziki zapach
żółtych kwiatów.

I obłoki. Jak zawsze w tamtych stronach,
dużo obłoków.

Nad Wilią, 1999

Depois

Desprenderam-se de mim ideias, convicções, crenças,
opiniões, axiomas, princípios,
regras e hábitos.

Acordei desnudo nos confins de uma civilização
que me pareceu cômica e incompreensível.

As salas e arcadas jesuíticas da academia
em que outrora estudei
não ficariam contentes comigo.

Embora ainda tenha guardado
algumas sentenças em latim.

O rio corria entre bosques de carvalhos e de pinheiros.

De pé, com a relva até a cintura, eu inspirava o cheiro agreste
de flores amarelas.

E nuvens. Como sempre por aqueles lados,
muitas nuvens.

À beira do Wilia, 1999

ORFEU E EURÍDICE
ORFEUSZ I EURYDYKA

In memoriam Carol

Stojąc na płytach chodnika przy wejściu do Hadesu
Orfeusz kulił się w porywistym wietrze,
Który targał jego płaszczem, toczył kłęby mgły,
Miotał się w liściach drzew. Światła aut
Za każdym napływem mgły przygasały.

Zatrzymał się przed oszklonymi drzwiami, niepewny
Czy starczy mu sił w tej ostatniej próbie.

Pamiętał jej słowa: „Jesteś dobrym człowiekiem".
Nie bardzo w to wierzył. Liryczni poeci
Mają zwykle, jak wiedział, zimne serca.
To niemal warunek. Doskonałość sztuki
Otrzymuje się w zamian za takie kalectwo.

Tylko jej miłość ogrzewała go, uczłowieczała.
Kiedy był z nią, inaczej też myślał o sobie.
Nie mógł jej zawieść teraz, kiedy umarła.

Pchnął drzwi. Szedł labiryntem korytarzy, wind.
Sine światło nie było światłem, ale ziemskim mrokiem.
Elektroniczne psy mijały go bez szelestu.
Zjeżdżał piętro po piętrze, sto, trzysta, w dół.
Marzł. Miał świadomość, że znalazł się w Nigdzie.
Pod tysiącami zastygłych stuleci,
Na prochowisku zetlałych pokoleń,
To królestwo zdawało się nie mieć dna ni kresu.

As faces da multidão de sombras o cercavam.
Algumas, ele reconhecia. Sentia o ritmo do próprio sangue.
Sentia intensamente sua própria vida e sua culpa,
E temia o encontro com aqueles a quem fizera algum mal.
Mas eles tinham perdido o dom de lembrar.
Olhavam como que ao largo, indiferentes.

Em sua defesa, tinha consigo a lira de nove cordas.
Trazia nela a música da terra contra o abismo
Que cobre todos os sons de silêncio.
A música o governava. Submetia-se a ela.
Entregue à canção ditada, ele todo escuta.
Como sua lira, era também só um instrumento.

Até que chegou ao palácio dos soberanos daquele lugar.
Perséfone, no escuro de seu jardim de pereiras e macieiras secas,
Sob ramos desnudos e galhos granulosos,
Em seu trono de fúnebre ametista, pôs-se a ouvir.

Ele cantava a claridade das manhãs, os rios por entre o verde.
O brilho róseo da água emanando vapor.
As cores: cinábrio, carmim,
Siena queimada, azul,
A delícia de nadar no mar ao pé de rochedos de mármore.
Os banquetes em um terraço na algazarra de um porto
                                        [pesqueiro.
O gosto do vinho, do sal, do azeite, da mostarda, das
                                        [amêndoas.
O voo da andorinha, o voo do falcão, o voo majestoso de um
                                        [bando
De pelicanos sobre a enseada.

O zapachu naręczy bzu w letnim deszczu.
O tym, że swoje słowa układał przeciw śmierci
I żadnym swoim rymem nie sławił nicości.

Nie wiem, rzekła bogini, czy ją kochałeś,
Ale przybyłeś aż tu, żeby ją ocalić.
Będzie tobie wrócona. Jest jednak warunek.
Nie wolno ci z nią mówić. I w powrotnej drodze
Oglądać się, żeby sprawdzić, czy idzie za tobą.

I Hermes przyprowadził Eurydykę.
Twarz jej nie ta, zupełnie szara,
Powieki opuszczone, pod nimi cień rzęs.
Posuwała się sztywno, kierowana ręką
Jej przewodnika. Wymówić jej imię
Tak bardzo chciał, zbudzić ją z tego snu.
Ale wstrzymał się, wiedząc, że przyjął warunek.

Ruszyli. Najpierw on, a za nim, ale nie zaraz,
Stukanie jego sandałów i drobny tupot
Jej nóg spętanych suknią jak całunem.
Stroma ścieżka pod górę fosforyzowała
W ciemności, która była jak ściany tunelu.
Stawał i nasłuchiwał. Ale wtedy oni
Zatrzymywali się również, nikło echo.
Kiedy zaczynał iść, odzywał się ich dwutakt,
Raz, zdawało mu się, bliżej, to znów dalej.
Pod jego wiarą urosło zwątpienie
I oplatało go jak chłodny powój.
Nie umiejący płakać, płakał nad utratą
Ludzkich nadziei na z martwych powstanie,

O cheiro de um punhado de lilases na chuva de verão.
Que tinha composto seus versos contra a morte
E nenhuma rima sua tinha celebrado o nada.

Não sei, disse a deusa, se a amaste,
Mas vieste até aqui para salvá-la.
Será devolvida a ti. Há porém uma condição.
Não podes falar com ela. E no caminho de volta
Não podes olhar para trás para conferir se te segue.

E Hermes trouxe Eurídice.
O rosto dela não era aquele, cinzento,
Pálpebras cerradas e, debaixo delas, a sombra dos cílios.
Avançava rígida, conduzida pela mão
Do seu guia. Queria tanto pronunciar
O nome dela, despertá-la daquele sono.
Mas se conteve, pois sabia que tinha aceitado a condição.

Partiram. Primeiro ele e, às suas costas, mas não de pronto,
O ruído das sandálias de Hermes e as leves passadas
Dos pés dela, envoltos no vestido como numa mortalha.
A vereda íngreme para o alto fosforescia
Na escuridão, que era como as paredes de um túnel.
Parava e tentava ouvir. Mas então eles
Se detinham também, o eco se interrompia.
Quando se punha a caminho, soava de novo o duplo compasso
Dos dois, ora mais perto, lhe parecia, ora mais longe.
Sob a fé que ele tinha, cresceu a dúvida
E o enredou como uma fria trepadeira.
Incapaz de chorar, chorou pela perda
Das esperanças humanas de ressurgir dos mortos,

Bo teraz był jak każdy śmiertelny,
Jego lira milczała i śnił bez obrony.
Wiedział, że musi wierzyć i nie umiał wierzyć.
I długo miała trwać niepewna jawa
Własnych kroków liczonych w odrętwieniu.

Dniało. Ukazały się załomy skał
Pod świetlistym okiem wyjścia z podziemi.
I stało się jak przeczuł. Kiedy odwrócił głowę,
Za nim na ścieżce nie było nikogo.

Słońce. I niebo, a na nim obłoki.
Teraz dopiero krzyczało w nim: Eurydyko!
Jak będę żyć bez ciebie, pocieszycielko!
Ale pachniały zioła, trwał nisko brzęk pszczół.
I zasnął, z policzkiem na rozgrzanej ziemi.

Pois agora era como qualquer mortal,
Sua lira calava e em seu sonho ele estava indefeso.
Sabia que precisava acreditar e não era capaz disso.
E duraria muito a incerta vigília
Dos próprios passos contados em seu torpor.

Raiava o dia. Os contornos das rochas apareciam
Sob o olho azul da saída para a superfície.
E aconteceu o que pressentiu. Quando voltou a cabeça,
Atrás dele, na vereda, não havia ninguém.

O sol. E o céu, e nuvens.
Só então o grito rebentou em suas entranhas: Eurídice!
Como viverei sem você, consoladora!
Mas as ervas soltavam seu perfume, vibrava perto do chão o
                                    [zumbido das abelhas.
E ele dormiu, com a bochecha encostada no calor da terra.

ÚLTIMOS POEMAS
WIERSZE OSTATNIE

Dziewięćdziesięcioletni poeta podpisuje swoje książki

Więc jednak przetrzymałem was, moi wrogowie!
Wasze nazwiska mech teraz porasta.
A gorliwie braliście udział w obławie
Na zdrajcę i wyrodka. Moralitet uczy,
Że zawsze w końcu wygra sprawiedliwość.
No, niekoniecznie. Trochę słabsze serce,
Trochę mniejsza wytrwałość, a już trąbki grają
Nad biednym zajączkiem, albo i niedźwiedziem.
Ten triumf nie jest dla mnie powodem do dumy.
Po prostu jedno z cudownych wydarzeń,
Jak tamte, które kiedyś ocaliły mnie
Od Oświęcimia, jak też (a są dane)
Od łagierniczej doli gdzieś w Workucie.
Nie widzę żadnej w tym mojej zasługi.
Opatrzność chroni głupków i artystów,
Jak ktoś powiedział. Jakby kompensata,
Za to, że my jesteśmy zaledwie igraszką
Sił tajemniczych, nieznanych nikomu,
I za zmniejszoną naszą poczytalność.

Wiernie służyłem polskiemu językowi.
Pośród wielu języków jest dla mnie jedyny,
I wzywa, nakazuje, żeby go uświetniać,
Bo mówi nim za dużo małpoludów,
Do których, nie ukrywam, mam odrazę,
Ale też wiele istot tak dobrych i czystych,
Że ich modlitwy powinny świat zmienić.
Toteż polszczyzna jest zobowiązaniem,

Um poeta de noventa anos autografa seus livros

Então dei conta de vocês, meus inimigos!
Seus nomes, agora, estão cobertos de musgo.
E como vocês foram diligentes no cerco
Ao traidor e bastardo. A moralidade ensina
Que a justiça sempre vence no fim.
Bem, não necessariamente. Um coração mais fraco,
Um pouco menos de tenacidade e as trombetas
Já ecoam junto à pobre lebre ou urso.
O triunfo não é motivo de orgulho para mim.
Apenas um acontecimento miraculoso a mais,
Como os que outrora me salvaram
De Oświęcim, ou também (e há provas)
Do destino de um gulag em Vorkuta.
Não vejo nisso nenhum mérito meu.
A Providência protege tolos e artistas,
Alguém disse. Um tipo de compensação
Por sermos um mero joguete de forças
Misteriosas, desconhecidas de todos,
E por nosso escasso discernimento.

Servi fielmente à língua polonesa.
Entre muitas, ela é a única língua para mim,
E reclama, ordena ser enaltecida,
Pois entre seus falantes há muita gente tosca,
Da qual, não escondo, tenho asco,
Mas também criaturas tão boas e límpidas
Que suas preces deveriam mudar o mundo.
Por isso a língua polonesa é uma tarefa

A dla niektórych pasją. Nie oddałbym jej
Za arcydzieła najmądrzejszych krajów.

Mieliście sporo racji, moi wrogowie,
Zgadując sobiepańskie urojenia drania:
Zadzierał nosa, wszystkich krytykował,
Zamiast żyć z nami, szedł prosto do celu,
Tej swojej sławy, odgrodzony pychą.

Tak, rzeczywiście, napisałem dzieło.
To znaczy tyle, że jestem świadomy,
Jak niebezpieczna to sprawa dla duszy.
Wystarczy zbadać parę życiorysów.
Moi rówieśni: Andrzejewski Jerzy
Albo mój krajan znad rzeki Niewiaży,
Pan Witold Gombrys, nie byli świetlani.
I nawet, myśląc o nich, ich osobach,
O ich obsesjach i nędznych wybiegach
Spotworniałego ego, o nieszczęściu,
Odczuwam litość i razem obawę,
Że może jestem taki sam jak oni,
Że udawałem dąb, a byłem próchno.
Jaka mizeria. Ale wybaczona.
Bo starali się zostać większymi od siebie,
Na próżno tęskniąc do miary proroków.

Teraz, w starości, jestem przed świadkami,
Którzy dla żywych są już niewidzialni,
Rozmawiam z nimi, wołam po imieniu,
Podczas gdy moja ręka podpisuje książki.

E para alguns, uma paixão. Não a trocaria
Pelas obras-primas das terras mais sábias.

Vocês tinham bastante razão, meus inimigos,
Intuindo caprichos e fantasias de um patife:
Torcia o nariz, criticava a todos,
Em vez de viver conosco, perseguiu a meta,
A fama, isolado na própria soberba.

Sim, eu realmente escrevi uma obra.
O que quer dizer tão só que estou ciente
Do quanto isso é perigoso para a alma.
Basta conferir algumas biografias.
Minha geração: Andrzejewski, Jerzy
Ou meu conterrâneo das ribeiras do Niewiaża,
Witold Gombrys,* nem um pouco exemplares.
E pensando neles, na pessoa que cada um foi,
Em suas obsessões e nas vis artimanhas
Da sanha do ego, em sua infelicidade,
Sinto pena e também medo,
Pois talvez eu seja como eles,
Fingi o viço de um carvalho e era podridão.
Quanta torpeza. Mas perdoada.
Porque porfiaram para se tornar maiores do que eles mesmos,
Ansiando, em vão, pela medida dos profetas.

Agora, na velhice, estou diante de testemunhas
Que, para os vivos, são invisíveis,
Converso com elas, chamo-as pelo nome,
Enquanto minha mão autografa meus livros.

* Witold Gombrowicz. (N. T.)

Jedno zdanie

> Lustro czekające na odbicie ludzkiej twarzy, tak zawsze
> niepewnej swojego obrazu
>
> Julia Hartwig, *Nowe błyski*,
> „Zeszyty Literackie" nr 78, 2002

Nad tym zdaniem warto rozmyślać przez wiele tygodni.

Lustro czeka na twarz: moją, jej, jego, nas
podzielonych na mężczyzn i kobiety, starców i dzieci.

I to wszystko my czyli ja w liczbie mnogiej,
zawsze niepewny swego odbicia w studni lustra,

Pochylający się jako dziecko przez cembrowinę studni

I tam głęboko maleńka niezupełnie znana twarz.

I właśnie niepewność tego czym jestem łączy mnie
z następną osobą przed lustrem.

Na przykład strojną damą, która właśnie robi sobie twarz,
nim wyruszy na podbój.

Lustro i nasze miny, cały ich rejestr.

Chyba litość, chyba współczuwanie

Uma frase

O espelho esperando o reflexo da face humana, sempre tão incerta da sua imagem

Julia Hartwig, "Nowe błyski",
Zeszyty Literackie, n. 78, 2002

Sobre esta frase vale meditar por muitas semanas.

O espelho espera pela face: a minha, a dela, a dele, de nós todos divididos em homens e mulheres, velhos e crianças.

E isso tudo é um nós, ou seja, um eu no plural,
sempre incerto de seu reflexo no poço do espelho,

Inclinando-se como criança na mureta do poço

E lá no fundo, pequenininha, uma face, não de todo conhecida.

E justamente a incerteza do que sou me liga
à próxima pessoa diante do espelho.

Por exemplo, a dama elegante que agora mesmo fez uma cara antes de partir para a conquista.

O espelho e nossas caras, todo o registro delas.

Talvez pena, talvez compaixão

Z naszą głupotą, a każda moja własna.

*I za mną wiele twarzy tych, co kiedyś żyli, pojawia się
i znika w studni, lustrze.*

[2002]

Pela nossa tolice, e cada uma é a minha própria.

E atrás de mim as muitas faces dos que viveram outrora
[aparecem
e somem no poço, o espelho.

[*2002*]

Żółw

Słońce zza mgieł wychodzi jak złotawe zwierzę,
Rudowłose i z grzywą skłębionych promieni.
Ale on go nie widzi. Nigdy nie patrzy w niebo.
Jego oczy przykryte wypukłą powieką
Patrzą tylko ku ziemi albo ku taflom posadzki
Jak tutaj, w domu Janka i Neli w Mentonie.
My jesteśmy gatunek wysokiego piętra,
Ze spojrzeniem niebosiężnym i międzyobłocznym.
Obserwujemy z politowaniem
Jego niezdarne marsze pod krzesłami
I jak spożywa zielony liść sałaty.
Co za pomysł demiurga! Między dwie tarcze
Wtłoczyć kształt jaszczurczy, żeby chronić życie
Przed atakami większych dinozaurów!
Ale przemówić do niego nie sposób.
Kiedy nagle zaczyna biegać w żarliwym pośpiechu
Na próżno mu tłumaczyć, że but Janka
Nie jest partnerką godną jego zapału.
Jakby zażenowani, przyglądamy się
Jego ruchom kopulacyjnym podobnym do ludzkich
I strudze cieczy, która rozszerza się powoli,
Podczas gdy on nieruchomieje.
Wspólnota żywych, ale niezupełna:
Jak pogodzić się mogą świadomość i nieświadomość?
Janek i Nela nie pojmowali żółwia.
Poniżało ich jego pokrewieństwo z nimi.
Chcieli być czystymi inteligencjami.
Wkrótce potem umarli i na ich krzesłach nikogo.

A tartaruga

O sol sai de trás da névoa como um animal dourado,
A juba vermelha, com os raios desgrenhados.
Mas ela não vê. Nunca olha para o céu.
Cobertos por pálpebras bojudas, seus olhos
Miram apenas a terra ou as placas do piso,
Como aqui, na casa de Janek e Nela, em Menton.
Somos uma espécie de um andar de cima,
Nosso olhar arranha o céu e permeia as nuvens.
Observamos compadecidos
Como ela marcha desengonçada sob as cadeiras
E como saboreia a folha verde da alface.
Que ideia do demiurgo! Enfiar entre
Dois escudos um corpo de lagarto, para lhe proteger
A vida dos ataques dos grandes dinossauros!
Mas falar com ela não dá certo.
Quando de repente começa a correr em uma afobação frenética,
Inútil explicar a ela que o sapato do Janek
Não é uma parceira digna de tanto ardor.
Com certo embaraço, espiamos
Seus movimentos de macho na cópula, semelhantes aos
                                                    [humanos,
E o líquido que se espalha lentamente
Enquanto ela se mantém imóvel.
A comunhão dos vivos, mas não completa:
Como podem se conciliar consciência e inconsciência?
Janek e Nela não compreendiam a tartaruga.
Os dois queriam ser pura inteligência.
Pouco depois morreram e, em suas cadeiras, ninguém.

Nota anos depois

Percebo uma lógica interna que liga meus poemas escritos na idade dos vinte anos e os poemas da minha idade adulta e da velhice, até o volume tardio *To* (Isto), publicado em 2000. Mas é uma lógica que se esquiva a demonstrações sabichonas. Acredito firmemente na passividade do poeta, que recebe a dádiva do poema de forças que lhe são desconhecidas e tem sempre de se lembrar que a obra que criou não é mérito seu. Ao mesmo tempo, contudo, sua mente e sua vontade devem manter uma vigilante sensibilidade para o que o cerca. Como fui testemunha de cenas de horror em meu século, não pude fugir delas rumo aos domínios da "poesia pura", conforme aconselhavam alguns herdeiros do simbolismo francês. É bem verdade que nossa irada reação à desumanidade de nossos tempos raramente achou expressão em textos de valor artístico duradouro, ainda que alguns de meus poemas permaneçam como testemunho.

Minha educação católica inculcou em mim o respeito por todas as coisas visíveis, que se ligam por uma propriedade digna de contínua admiração, o ser, o *esse*. Penso que a saúde da poesia é a sua aspiração a apreender tanto quanto possível da realidade. Tendo escolha entre uma arte subjetiva e uma arte objetiva, eu preferiria a segunda, embora a teoria não diga o que isso é e cada um deva buscar uma resposta por si, em sua própria oficina. Tenho esperança de que a minha prática ateste minhas opções fundamentais.

A história do século xx incitou muitos poetas à busca de imagens que transmitissem seu protesto moral. É muito difícil, porém, conservar o saber do peso dos fatos e não sucumbir à tentação de tornar-se um repórter. São necessárias certa astúcia na seleção dos meios e uma espécie de destilação do material para conseguir a distância que permite a contemplação das coisas deste mundo sem ilusões. Não exagero quando afirmo que tal contemplação assumiu para mim uma dimensão religiosa. E também assim minha poesia tomou parte nos assuntos humanos deste período histórico em que, a mim e a meus contemporâneos, coube viver.

Cracóvia, maio de 2001

ESTA OBRA FOI COMPOSTA POR ACOMTE EM MERIDIEN E IMPRESSA PELA
GRÁFICA BARTIRA EM OFSETE SOBRE PAPEL PÓLEN SOFT DA SUZANO S.A.
PARA A EDITORA SCHWARCZ EM ABRIL DE 2023

A marca FSC® é a garantia de que a madeira utilizada na fabricação do papel deste livro provém de florestas que foram gerenciadas de maneira ambientalmente correta, socialmente justa e economicamente viável, além de outras fontes de origem controlada.